经济发展理论与实践

高纯雷 郭莹 李峻锡◎著

中国华侨出版社
·北京·

图书在版编目（CIP）数据

经济发展理论与实践 / 高纯雷，郭莹，李峻锡著.
北京：中国华侨出版社，2024.10. -- ISBN 978-7-5113-9328-9

Ⅰ．F124

中国国家版本馆CIP数据核字第2024AA8448号

经济发展理论与实践

著　　者：高纯雷　郭　莹　李峻锡

责任编辑：陈佳懿

开　　本：710mm×1000mm　1/16 开　印张：13.25　字数：206 千字

印　　刷：北京四海锦诚印刷技术有限公司

版　　次：2025 年 3 月第 1 版

印　　次：2025 年 3 月第 1 次印刷

书　　号：ISBN 978-7-5113-9328-9

定　　价：68.00 元

中国华侨出版社　北京市朝阳区西坝河东里 77 号楼底商 5 号　邮编：100028
发行部：(010) 88893001　　　传　真：(010) 62707370

如果发现印装质量问题，影响阅读，请与印刷厂联系调换。

前言

经济发展理论是一个跨学科的综合性研究领域，它不仅涵盖经济学的核心原理，还融合了政治学、社会学、历史学等多个学科的视角，这个理论体系致力解析经济体在不同历史时期和不同社会背景下的增长动力和发展趋势。从古典经济学的自由市场理论到现代宏观经济学中的供给侧结构性改革，再到行为经济学中的非理性行为分析，经济发展理论不断演进，以适应不断变化的经济环境。经济发展理论不仅关注经济增长的速度和规模，更重视增长的质量和效益，强调经济、社会和环境的协调发展。经济发展理论还特别注重如何通过教育、健康和技术创新等手段提高人力资本，增强经济体的竞争力和适应力。

本书深入剖析经济发展的内涵及其目标，系统梳理经济发展的理论基础，探讨经济发展模式的演进及其转型，并从多个维度对经济发展理论进行综合分析，涵盖区域经济发展、共享经济模式、数字经济创新、消费经济动力等领域。同时，本书关注经济与社会的互动关系，深入探讨农村绿色经济发展的理论框架与实践路径，旨在为国家宏观政策制定、地区发展战略规划以及企业经营决策提供理论指导和实践参考。

全书以其科学的结构和完整的体系，为读者提供一个系统化的知识框架。论述过程条理清晰，逻辑严谨，使得复杂的概念和理论变得易于理解和掌握。同时，本书力图为经济学领域的学者、政策制定者以及企业管理者提供深入的洞见和启发，促进对经济发展的全面理解，为推动经济的可持续增长和社会的全面发展贡献智慧和力量。期望本书能够为不同层面的经济发展参与者提供有价值的参考，共同探索经济发展的新理念、新模式和新路径。

目　录

◆ **第一章　经济发展的基本理论审视** ·················· 1

　第一节　经济发展及其目标解读 ···················· 1
　第二节　经济发展的相关理论依据 ·················· 8
　第三节　经济发展方式及其转变 ···················· 28
　第四节　创新与经济发展理论分析 ·················· 35

◆ **第二章　区域经济发展理论与模式** ·················· 44

　第一节　区域经济及其发展趋势 ···················· 44
　第二节　区域经济发展的相关理论 ·················· 49
　第三节　区域经济发展的区位条件与战略 ············ 55
　第四节　区域经济发展的多元模式构建 ·············· 83

◆ **第三章　共享经济发展及其有效对策** ················ 89

　第一节　共享经济及其应用领域 ···················· 89
　第二节　共享经济改变经济发展的方式 ·············· 94
　第三节　共享经济的发展动力与商业模式 ············ 96
　第四节　共享经济发展的有效对策分析 ·············· 103

◆ **第四章　数字经济发展及其规划探索** ················ 113

　第一节　数字经济及其特征分析 ···················· 113
　第二节　数字经济时代的重要设施 ·················· 118

第三节　数字经济发展的规划探索 …………………………………… 131
　　第四节　数字经济的企业战略抉择及发展规划 ……………………… 133

◆ 第五章　消费经济发展及其消费效应探索 ……………………………… 137
　　第一节　消费需求与经济发展分析 …………………………………… 137
　　第二节　消费经济要素与常见类型 …………………………………… 144
　　第三节　消费者行为特征及影响因素 ………………………………… 160
　　第四节　电商经济发展下的消费效应探索 …………………………… 166

◆ 第六章　农村绿色经济发展理论与路径探索 …………………………… 170
　　第一节　农村经济发展与管理 ………………………………………… 170
　　第二节　绿色经济及其发展新常态 …………………………………… 172
　　第三节　农村绿色发展及评价指标体系 ……………………………… 189
　　第四节　农村绿色发展任务与实现路径 ……………………………… 200

◆ 参考文献 …………………………………………………………………… 204

第一章 经济发展的基本理论审视

第一节 经济发展及其目标解读

一、经济发展的内涵

（一）经济发展是社会的总体变化

经济发展是一个多维度的社会现象，它不仅限于经济领域的增长，更涵盖了社会结构、文化观念、政治体制以及公民意识的深刻变化，这种发展不仅体现在国内生产总值的增长上，更体现在社会整体的生活质量、公平性、环境的可持续性以及文化传承的深度与广度。在这一过程中，经济的增长是基础，但并非唯一。经济的增长需要通过体制的改革、社会结构的优化和管理方式的创新来实现，这些变革能够促进资源的合理分配，提高经济活动的效率，同时也能够激发社会的活力和创造力。经济发展的最终目标是提高人民的生活水平，实现社会的全面进步和人的全面发展。

经济发展的定义应当超越单纯的经济增长，它需要创造条件以维持人均国内生产总值的持续增长，并重视经济、社会及政治结构的现代化，这不仅是为了实现经济上的自我增长，更是为了构建一个更加公正、包容和可持续的社会，这种现代化涉及社会各个层面的变革，包括但不限于教育体系的改革、医疗卫生条件的改善、社会保障体系的完善以及公民参与机制的建立。

需要注意的是，经济发展与社会总体发展虽然紧密相关，但它们之间存在着明显的区别。经济发展更多地关注经济活动的增长和效率的提升，而社会总体发展则更加注重社会福利、文化进步和环境的可持续性。社会总体发展要求我们在追求经济增长的同时，也要关注社会的公平性、环境的保护以及文化的传承。另外，经济发展的国际含义同样不容忽视。在全球化的背景下，各国经济的相互依存性日益增强，一个国家的经济发展不仅影响其自身的社会结构，也可能对其他国家产生影响。因此，经济发展需要考虑到国际合作和全球治理，以实现共同繁荣和可持续发展。这要求国家之间加强经济合作，共同应对全球性挑战，如气候变化、资源短缺和经济危机等。

同时，在追求经济发展的过程中，我们不能忽视其对个体和社会结构的影响。经济发展不仅仅是数字的增长，更是生活质量的提升和公民意识的觉醒。经济发展的目标应该是构建一个全面进步的社会，而不仅仅是经济指标的提高。这需要我们在推动经济发展的同时，还要关注社会公正、环境保护和文化传承，以确保经济发展的成果能够惠及社会的每一个成员。

（二）经济发展是人均收入的增加加上经济结构的变化

经济发展是一个复杂且多层次的过程，其内涵远远超出了人均收入的增加的范围。虽然收入增长是衡量经济发展的一个重要指标，但经济发展还包括经济结构的深刻变化。这种变化不仅涉及传统型经济向现代型经济的转变，还涉及了影响经济活动的各个方面。本书深入探讨经济发展的双重内涵，包括人均收入的增加与经济结构的变化，西方发展经济学学者对这一观点表示认同，揭示了经济发展的深层次本质，以及工业化和城市化在经济结构变化中的作用。此外，本书还将讨论经济发展在提升生活质量、环境保护、资源可持续利用及社会公平正义等方面的综合关注的相关话题。

1. 经济发展的双重内涵：收入增加与经济结构变化

经济发展传统上被理解为人均收入水平的提升，这是经济增长最直接的体现。然而，这一指标仅能反映经济发展的一部分事实。经济发展的另一关键方面是经济结构的变化，即经济从传统型向现代型的转变。这种转变不仅涉及产业结构的升级，还包括生产方式、劳动组织、技术应用和社会结构的深刻调整。

经济结构变化的过程通常从以农业为主的经济体系开始，逐步过渡到工业化和后工业化的经济体系。在农业社会，经济活动主要集中在农业生产领域，有技术水平较低，生产效率不高的特点。随着工业化进程的推进，生产方式逐渐转向机械化和自动化，生产效率显著提升，同时推动了产业结构的多样化和现代化。最终，经济社会进入了以服务业为主导的后工业化阶段，经济活动的焦点转向服务业、信息技术和创新产业领域。

2. 结构变化的广泛认同：西方发展经济学的观点

西方发展经济学广泛认同经济结构变化处在经济发展中的核心地位。经济学家们通过建立理论模型和进行实证研究，强调了结构变化对于经济增长的重要性。阿瑟·刘易斯的双重经济模型认为，经济发展首先表现为经济活动从农业部门向工业部门的转移，这一过程带来了生产力的提升和经济结构的深刻转变。刘易斯模型的核心在于强调劳动力从低生产力的农业部门转移到高生产力的工业部门，从而推动经济增长。

华尔特·罗斯托在其经济成长阶段理论中也体现了经济结构变化的重要性，其认为，经济发展是一个从传统农业社会向工业化、城市化社会过渡的过程，这一过程包括了经济结构的全面转型。罗斯托的理论强调了各个经济发展阶段之间的联系，尤其是工业化和现代化对经济发展的推动作用。此外，西方经济学家还关注了技术进步和创新对经济结构变化的推动作用。技术进步不仅改变了生产方式，还推动了产业的升级和经济的转型。西方发展经济学的理论和实证研究表明，经济结构的优化升级是实现经济持续增长的关键。

3. 经济发展的深层次本质：生产方式与社会变革

经济发展的深层次本质不仅体现在工业化和城市化发展的外在表现，还涉及生产方式、消费模式、社会阶层和价值观念的深层次变革。在生产方式方面，经济发展推动了从传统的手工业和农业生产向现代的机械化和自动化农业生产的转变。这种变化提升了生产效率，降低了成本，同时也推动了技术的进步和产业的升级。

消费模式的变化同样是经济发展的重要表现。随着经济的发展，人们的消费需求从基本的生存需求转向追求更高的生活质量和多样化的消费品的目标。这种变化推动了市场的扩展和经济的多样化发展，同时也促进了服务业和信息技术产业的快速发展。

社会阶层的变革是经济发展过程中的另一重要表现。随着经济的增长，社会结构经历了从简单的阶级划分到复杂的社会分层的过程。这种变化不仅影响了社会的稳定性，还对资源分配和财富积累方式产生了深远影响。同时，价值观念的转变也在推动经济发展方面发挥着重要作用。例如，社会对个人成就和创新的认可，促进了经济的创新和进步。

4. 工业化与城市化的作用

工业化和城市化是经济结构变化的显著特征，对经济发展的推动作用不可小觑。工业化通过引入机械化和自动化生产手段，提高了生产效率和产品质量。工业化过程中的规模经济和专业化不仅提升了生产能力，还促进了技术的进步和经济的增长。工业化改变了生产方式和经济结构，为经济发展奠定了基础。

城市化则表现为劳动力市场的扩大和消费需求的增长。城市化带来了人口的集中和城市基础设施的改善，从而促进了经济活动的集中和高效运作。城市化推动了服务业的发展，改变了消费模式，同时也带来了社会结构的调整和生活方式的变革。城市化过程中的这些变化，共同推动了经济的持续增长和社会的全面进步。

5. 综合关注：质量、环境与公平

在关注经济发展的过程中，还必须综合考虑提升生活质量、促进环境保护、推进资源可持续利用及维护社会公平正义等方面。经济增长的最终目标应当是提高社会成员的整体福祉，而不仅仅是提升经济总量。提升整体福祉包括提高医疗、教育和住房条件，使每个人都能享受到经济增长的成果。

环境保护是经济发展的一个重要方面。经济增长往往伴随着资源的过度开发和环境的破坏，因此必须采取措施来平衡经济增长与环境保护之间的关系。可持续发展理念要求我们在追求经济增长的同时，确保资源的合理利用和环境的持续保护。

社会公平正义也是经济发展的重要目标之一。经济增长带来的财富和资源不应只集中在少数人手中，而应通过合理的政策手段实现财富的公平分配。通过税收、社会福利和公共服务等政策手段，可以有效地减少社会不平等现象，确保每个人都能享受经济发展的成果。

(三) 经济发展是一国人均真实收入借以长期增加的过程

经济发展，作为一个多维和复杂的过程，超出了经济增长的范畴，它是一个国家人均真实收入长期增加的过程，但这种增加只是其外在表现，其内在本质包含了更为丰富和复杂的内容。

第一，经济发展不应仅被看作经济独立或工业化的同义词，它是一个更为广泛和深入的概念，涵盖了总体发展的各部分，包括经济、政治和社会等多个方面。国家的独立和巩固虽然与经济发展有一定的联系，但它们更多地涉及情感的一致和非经济目标的实现。因此，经济发展的内涵应当超越经济独立和工业化，包括更广泛的社会制度和现代化理想的实现。

第二，经济发展不应被局限于工业化的范畴。工业化的实现高度依赖农业的发展，而经济发展则包括了更广泛的内容，如生产率的提高、社会和经济的平等发展、现代知识、体制和态度的改变等，这些内容都是经济发展过程中不可或缺的部分，它们共同推动着社会制度的向上运动和现代化理想的实现。

第三，经济发展的本质不仅在于经济增长，它还包括变化和发展过程中的质变。经济发展能够改善落后的生产技术、提高控制自然的能力，促进体制的发展、社会态度和价值观念的变化。这些质变是经济增长或经济扩张所不具备的，它们是经济发展内在动力的体现。需要注意的是，将人均真实收入的长期增加作为经济发展的核心内容，虽然展现了经济发展的外在特征，但并没有完全区分经济发展与经济增长这两种现象。人均真实收入的增加是经济增长和经济发展的共有特性，将其作为经济发展的本质内容，可能会导致将经济增长与经济发展混为一谈现象的发生。

第四，经济发展是一个涉及经济、社会、文化等多个方面的综合过程。它不仅是经济增长的外在表现，更是社会制度、文化观念和价值体系的深刻变革。经济发展的目标应当是提高人民的生活水平，促进社会的公平和正义，实现经济的可持续发展。这需要我们在追求经济增长的同时，注重经济结构的优化、社会福利的改善和环境的保护。

第五，经济发展是一个长期而复杂的过程，它需要我们从多方面进行考量。

经济发展的内涵应当超越经济增长，涵盖更广泛的社会制度和现代化理想的实现。只有这样，我们才能实现真正意义上的经济发展，构建一个更加和谐、公正和可持续的社会。

综上所述，经济发展是一个多维度的概念，其核心在于经济领域的积极变化。在界定经济发展时，需要明确一些关键的区别：①经济发展与其外在的前提条件是不同的。政治、社会和思想观念的变化是经济发展的重要条件，它们可以促进或制约经济的起飞，但它们本身并不是经济发展的实质。这些条件为经济发展提供了必要的环境和土壤，但经济发展的本质在于经济本身的增长和变革。②经济发展的外在表现形式在不同国家和不同历史时期可能有所不同，但其本质是相同的。无论在何种条件下，经济发展都表现为生产力的进步和生产效率的提高，这是其不变的核心。③经济发展本身与其目标是不同的。经济发展的目标，如消除贫困、减少失业、实现国家独立等，是人们追求经济发展的目的，但它们并不是经济发展本身。经济发展的本质是经济生活的向上运动，主要体现为物质产品生产能力的提升。

二、经济发展的目标

（一）丹尼斯·古里特的三大目标说

古里特在他的著作《痛苦的选择：一个新的发展理论观》中提出了著名的经济发展三大目标学说，这些目标构成了经济发展的核心内容，是评价一个国家经济进步的关键指标。

第一，经济发展的首要目标是维持生存，这一目标强调了经济活动的基本功能，即满足人们的基本生活需求。与世界银行在20世纪70年代提出的基本需要发展战略相呼应，经济发展必须致力增加食品、住房、衣服和卫生保健等生活必需品的供应，并确保这些资源的广泛分配。这不仅关乎人们是否能摆脱贫困，更关乎整个社会的生活质量能否提高。

第二，经济发展追求的是自主目标。自主体现了国家或个人的自尊感和自我价值感的高低，它超越了物质收入的范畴，涵盖了工作机会、教育质量以及文化和人类价值。实现自主目标意味着个人和国家不再被视为工具,而是作为具有独立价值的实体,这种自我价值感的提升是物质和精神层面得以改善的直接体现。

第三,经济发展的目标之一是自由,这里的自由并非仅指政治自由,而是一种更为广泛的自由概念,从物质条件、无知、体制限制以及宗教信仰中解放出来。自由目标的实现将使个人和国家拥有更多的选择和更宽广的行动范围,从而能够自主决定自己的命运。

古里特的三大目标学说认为,这三个目标是经济发展不可或缺的组成部分,它们共同构成了美好生活的基础。经济发展的含义应当基于这三个目标,而一个国家经济发展的状态也应从这三个目标的实现程度来评判。同时,经济发展的目标是全面的,它们相互关联且相互支持。维持生存是基础,自重是提升,自由则是最终的追求。这三个目标的实现,不仅反映了经济的增长,更体现了社会的进步和人的发展。在评价一个国家的经济状况时,应从这三个维度进行综合考量,以确保经济发展的全面性和可持续性。

(二)艾玛·阿德尔曼的"摆脱贫穷"说

经济发展的目标具有双重层面的意义:首先,它要求提供足够的物质基础,以支持这些目标的实现。其次,它需要建立经济条件,以消除对个人成长的各种障碍,包括教育机会、满意的职业、社会地位、安全感、自我表达以及才能的发挥,这种发展目标被称为"摆脱贫穷"。在经济层面上,"摆脱贫穷"主要关注于消除物质方面的贫困;而在非经济层面上,则涉及消除社会、政治以及精神等方面的贫困。这两个方面在实现经济发展的过程中具有同等的重要性。

从整体而言,摆脱贫穷的目标能否实现,完全取决于最贫困阶层的福利状况是否有所改善。只要贫困群体的收入份额有所增加,即使需要在短期内放弃整体国民收入的增长,也不应成为障碍。因此,摆脱贫穷的目标不仅涉及公平的问题,还在于创造一种条件,使得收入分配的公平性得以持续改善。为了提高这种公平度,可能需要在国民经济的增长上做出短期的牺牲,并伴随重大社会、政治及制度的改革。

为了实现摆脱贫穷的目标,必须进行深入的制度改革,并在政治、社会和经济各方面采取公平的措施，以推动经济的增长。然而，这些措施并不是目标本身，而是确保贫困人口长期享有福利的手段。需要注意的是，经济增长虽然重要，但如果不关注贫困阶层的福利改善，其实际效果将会受到限制。因此，在推动经济增长的过程中，必须同步关注公平的实现，确保经济发展的成果能够惠及全体社会成员，尤其是最贫困的阶层。

第二节 经济发展的相关理论依据

一、经济发展思路论

（一）经济发展的结构主义思路

1. 结构分析方法论的演进

结构分析方法论在近年来经历了由初步假设到经验验证，再到理论模式建构的演进过程，这一演进可划分为三个主要阶段：首先是假设的提出；其次是经验的检验；最后是理论模式的完善。在这一演进过程中，二元经济理论以及需求互补性概念两个关键的结构主义概念尤为突出，后者是平衡增长理论的基础。二元经济理论曾有多种表述，对于发展中经济体的结构主要有三个核心假设：①技术可被划分为资本密集型技术（资本主义部门采用）和非资本密集型技术（最低生活标准部门采用）。②在常规工资水平下，劳动力供给具有弹性。③储蓄主要由非工资收入者提供。

2. 结构主义的主要观点

结构主义是在西方发展经济学兴起之时，一批发展经济学家加以采用，并对第一阶段经济发展理论有很大影响的一种思路，结构主义经济发展思路通常含有以下观点：

（1）对现代发展经济学兴起主导经济思想的批判性分析。在现代发展经济学的兴起时期，新古典经济学和凯恩斯经济学构成了经济学界的主导声音。结构主义学派的发展经济学家对此进行了深入的批判，他们认为新古典经济学的理论并不适用于那些经济结构尚未成熟的发展中国家。新古典经济学以市场和价格机制的有效运作为核心，但这些国家的商品市场发展不够成熟，价格体系尚处于初步阶段，市场结构分散，缺乏整体性。在这种背景下，人们难以实现新古典经济学家所倡导的理性经济决策。新古典经济学主张通过边际调节来实现经济的微调，而发展中国家实际上需要的是一种根本性的经济变革和结构优化，即通过结构性改革来实现经济的"扩展"，而非仅仅通过资源的重新配置来实现经济的"紧缩"。

结构主义学派虽然对凯恩斯经济学关于对西方经济学单一范式的突破表示赞赏，并对凯恩斯就业问题的关注表示认同，但结构主义学派同时认为，凯恩斯经济学在本质上并不适合发展中国家的实际情况。凯恩斯经济学基于发达资本主义国家的经济环境，将经济衰退期间的失业和资本闲置归咎于过度储蓄，而发展中国家面临的失业和贫困问题很大程度上是由于储蓄不足。此外，凯恩斯所关注的周期性失业现象在发展中国家并不普遍。凯恩斯的分析方法主要集中于短期内的经济动态，是基于一系列静态假设进行的考察。

（2）对经济发展中非均衡状态的强调。结构主义学派的发展经济学家特别关注发展中国家社会经济结构的刚性问题。在这种缺乏弹性的环境中，价格的变动对于资源的重新配置作用有限，市场供需之间的自动平衡过程无法实现，导致市场无法自我清算，供需缺口难以弥合，这些国家的经济体系普遍处于一种持续的非均衡状态，而非自我调节的均衡体系。结构主义学派还强调不同经济部门之间在结构上的差异，认为尽管所有部门都追求利润和效用的最大化，但它们对经济刺激的反应速度和机制存在差异，特别是农业部门的反应与其他部门相比具有特殊性。结构主义学派倾向于将经济分解为若干部分，以更深入地分析经济发展的过程，认为这有助于更准确地把握经济发展的本质。

结构主义学派的代表人物缪尔达尔进一步深化了这一分析，主张由于经济结构的刚性，经济增长带来的国民收入的提高并不能自动、均等地惠及所有地区和阶层，反而可能导致贫富差距的进一步扩大。另外，经济发展的真正特征是冲突而非均衡，是曲折而非平顺，是"回波效应"而非"扩散效应"。此处的回波效应包括了工业国家廉价商品对本地产业的冲击、熟练劳动力的流失、外国投资的负面影响以及对初级产品在出口经济方面的过度依赖等现象。发展中国家的贸易条件恶化是一个长期趋势，这一趋势预计在未来仍将持续。在金融、议价、销售、加工和分配等各个领域，发达国家通常占据优势，导致在发展中国家的外国投资收益主要流向资本输出国，而非投资接受国。

（二）经济发展的新古典主义思路

1. 新古典主义视角下的经济发展过程

（1）对经济发展本质的深入理解。经济发展被视为一个逐步演进的、持续的进程。马歇尔是新古典经济学派的先驱，他融合了达尔文和斯宾塞的进化论观点，将经济视作一个具有进化特性的有机体系。以马歇尔为主导的新古典经济学派强调，无论是工业还是社会的进步，都是有机增长的过程，而非简单的数量增减。另外，自然界的进化是连续的，这一原则同样适用于经济发展。技术创新和新工艺的采纳，尽管可能看似突然，实际上却是知识逐步积累和传播的结果，是一系列连续发明的顶点。这些技术变革在经济体系中的引入通常是平稳且连续的。

（2）经济发展的和谐与积累特性。经济发展被认为能够普遍惠及所有收入阶层。尽管货币因素和新技术的引入可能导致暂时性失业，但长期均衡失业是不存在的。经济发展能够提升劳动力整体的实际工资水平。技术进步虽然可能会使某些行业在短期内减少对劳动力的需求，但产品价格的降低会刺激需求增长，进而增加对劳动力的需求。此外，技术进步还将提高社会总产出，从而增加总收入。总而言之，经济发展和技术革新将普遍提高劳动需求，使劳动阶层受益。

新古典经济学还认为，除劳动阶层外，其他主要社会阶层的收入在经济发展过程中也在不断增长。外在经济是新古典经济学中用以论证经济发展和谐性的关键概念。与内在经济——单个企业在特定资源和效率条件下扩大规模所获得的经济效果——不同，外在经济指的是企业所在行业或为其提供原材料和中间产品的行业因整体经济发展而获得的经济效果。外在经济的产生，可以归因于相关工业部门的发展，这些部门通过互相协助，可能集中在特定地区，或者利用现代交通和通信工具获得便利，这种经济效果是所有生产部门都能获得的，而不仅仅依赖于它们自身的发展。

（3）对经济发展前景持乐观态度。经济的持续增长是可能的，并且经济发展带来的利益将自动地、逐步地惠及整个社会。随着经济的发展，纵向的"涓流效应"和横向的"扩散效应"将自然发生，促使经济发展的利益普及，形成"帕累托最优状态"。新古典经济学家相信，人类有能力克服物质环境对经济增长的限制，使技术进步和劳动力素质的提升形成报酬递增的趋势。

2. 新古典主义视角下经济发展的运作机制

新古典主义经济学的核心理论假设经济发展主要通过边际调整实现，经济体系会自动趋向均衡状态。在这一理论框架下，价格机制被视为经济调节的核心力量，是推动经济发展的关键机制。因此，新古典主义认为静态局部均衡分析方法足以探讨经济发展的相关问题，这种分析方法强调了市场中的各种变量如何通过价格机制实现资源的优化配置，从而推动经济发展。

在新古典主义的理论中，个体经济决策者的行为是基于利益驱动的，他们在面临成本限制时会进行选择，力求个人福利最大化，这种选择行为涉及产品、服务以及生产要素之间的替代可能性。新古典主义强调，这种替代可能性暗示了高度的经济弹性，即供给和需求的价格弹性以及生产要素之间的替代弹性。价格变动能够迅速引起供给量、需求量和生产要素配置比例的调整，这一特性使得价格机制在新古典主义理论中占据了极其重要的位置。

另外，新古典主义认为，在国民经济的各个部门中，刺激—反应机制普遍存在，这种机制并没有本质上的差异，即一个国家的经济行为的原则同样适用于其他国家，无论是发达国家还是发展中国家，无论是农业、采矿业、建筑业还是家庭服务业。因此，新古典主义经济学被视为普遍适用的一般原理，即经济发展理论和经济增长理论在实质上是一致的。这种视角强调，所有经济体的基本运作机制都可以通过类似的经济学原理来解释。

在新古典主义理论中，市场—价格机制被特别强调在资源配置中的均衡作用。价格的高低会影响供给和需求，促使市场逐步达到供需平衡，实现需求价格和供给价格的一致性。这种机制下，竞争受到推崇，而垄断和市场控制则受到质疑。根据这一理论，政府的作用应主要集中在提供基础服务、界定产权以减少外部性影响，以及传播经济机会信息等方面。政府的这些行为旨在激发市场活力，促进投资者之间的竞争，从而提高经济活动的效率和社会福利。

（三）经济发展的激进主义思路

1. 激进主义发展思路的基本特点

（1）激进主义对新古典经济学的批评较结构主义更为深刻和全面。激进主义对新古典经济学的批评展现了其理论的深刻性和全面性，与结构主义的批判相比，激进主义的指责更加根本和彻底。新古典经济学的理论体系建立在一系列假设之上，例如，完全竞争市场、理性经济人和市场价格机制等，这些假设被认为是脱离了现实和历史背景而形成的一种理想化的经济模型。激进主义认为，新古典经济学的这种理论体系是建立在纯粹逻辑推演之上的，将一个抽象的概念推向另一个概念，最终构建出的理论框架犹如空中楼阁，缺乏现实基础。具体而言，新古典主义所提到的资源最优配置理论假设，表明市场可以通过价格机制实现资源的最优配置，但这种完全竞争市场在现实中并不存在。因此，资源最优配置的理论不仅在实践中难以实现，而且很大程度上只是一种理论上的主观假设。

激进主义进一步批评，新古典经济学将工业资本主义视作一个永恒不变的自然现象，这种看法忽视了历史的变化和经济发展过程中的实际动态。新古典主义者倾向于将工业资本主义视为一种经济状态，而忽略了这一状态的历史演变以及不同经济体之间的变化。更重要的是，新古典经济学在处理国际谈判能力、收入分配不平等以及社会公平等问题时，往往选择回避这些核心问题。激进主义认为，这种回避态度表明，新古典主义理论对经济发展中的关键问题缺乏应有的关注和深入分析。因此，激进主义对新古典经济学的批评不仅在理论上揭示了其逻辑的不足，也在实践中指出了其理论的局限性和现实脱节的问题。

（2）激进主义发展思路超越了结构主义者的视角。激进主义发展思路在分析发达国家与发展中国家的关系时，展现出比结构主义者更为深入和多维的视角。结构主义者如缪尔达尔、普雷维什和辛格主要关注发达国家与发展中国家之间的不平等力量关系，强调经济发展中的核心不平等现象。然而，激进主义者不只是停留在表面现象上，而是从发达国家与发展中国家的内部条件和外部条件入手，综合考虑历史背景与现状，深入探讨了发达国家对发展中国家的支配—依附关系。

另外，激进主义的"依附理论"关注于发达国家如何通过经济、政治和文化等多方面的机制维持对发展中国家的控制和依赖关系，这一理论不仅分析了国际不平等的现象，更剖析了不平等关系在不同发展阶段中的动态变化。依附理论认为，发达国家通过各种机制和手段，例如，经济援助、贸易政策和文化输出，维持其对发展中国家的支配地位，形成了一种长期的依附关系，这种视角不仅揭示了发达国家如何通过全球化和国际经济体系中的规则来加强对发展中国家的控制，还探讨了这一控制如何影响发展中国家的经济、政治和社会结构。由此，激进主义发展思路不仅超越了结构主义的理论框架，还提供了一种更为综合和深入的分析视角。

2. 激进主义发展思路的主要代表

（1）巴兰的理论。保罗·巴兰的理论在激进主义发展经济学中占据了重要地位，主要体现在对资本主义和经济不平等的深入剖析上。巴兰在其著作《发展经济学中的经济发展和经济增长》中提出了关于经济发展的关键理论观点，他的理论框架集中在资本主义经济体系如何在全球范围内形成和维持经济不平等的机制上，特别是如何通过经济结构和制度安排来支持发达国家对发展中国家的支配。

巴兰的理论认为，资本主义经济体系内在的矛盾和冲突是导致全球经济不平等的根源。巴兰的"经济滞后理论"，即发展中国家的经济滞后不仅仅是由于内部结构问题，还与全球资本主义体系的运行机制密切相关。根据巴兰的观点，发达国家通过控制全球市场和资源，对发展中国家施加经济压力，使其处于不利地位，这种控制不仅体现在经济交流中，还体现在通过全球金融体系、贸易规则以及跨国企业的运作来巩固这种不平等。

巴兰的理论强调了资本主义体系中存在的"经济侵蚀"，即发达国家通过各种经济手段剥削发展中国家的资源和劳动，以实现自身的经济利益。这种剥削不仅导致了发展中国家的经济增长缓慢，还加剧了全球经济的不平等。此外，巴兰的"发展赤字"概念也是较为有名的，指的是发展中国家在经济发展过程中面临的结构性障碍，这些障碍使得其经济增长潜力难以充分发挥。

（2）弗兰克的理论。安德烈·弗兰克是激进主义发展经济学的另一位重要代表，其理论主要体现在"依附理论"的发展上。弗兰克在其《发展中国家的发展与全球资本主义》一书中系统地阐述了他对全球经济体系和发展中国家关系的理解。他的理论挑战了传统经济学对发展中国家的解释，特别是对发展中国家经济滞后的原因进行了一种全新的诠释。

弗兰克的"中心—外围理论"，即全球经济由核心发达国家（中心）和边缘发展中国家（外围）组成，这种中心—外围关系在全球资本主义体系中表现为发达国家通过各种手段对发展中国家进行经济和政治上的控制。弗兰克的"中心—外围理论"认为，发达国家通过控制全球贸易、投资和金融流动，维持了对发展中国家的经济支配地位，从而实现了对资源和市场的剥削，这种控制关系不仅体现在经济层面，还在政治和文化层面上体现出来，进一步加剧了全球经济的不平等。

弗兰克的理论还强调了"依附—发展"关系，即发展中国家的经济发展并非孤立发生的，而是与全球资本主义体系中的不平等结构密切相关。根据弗兰克的观点，发展中国家的经济结构和发展过程受到发达国家的直接影响，其经济增长往往是以对发达国家的依附为基础的，这种依附关系导致了发展中国家的经济发展受到限制，其资源和劳动被剥削的程度不断加剧，从而形成了经济发展的恶性循环。

弗兰克的研究方法结合了历史分析和社会结构分析，通过对全球经济历史的回顾，揭示了发达国家如何通过全球资本主义体系对发展中国家进行经济控制。同时，他也运用了社会结构分析的方法，探讨了经济依附关系如何在不同的历史阶段和经济条件下表现出来。弗兰克的理论为理解全球经济不平等和发展中国家的经济困境提供了重要的理论依据，并对国际经济关系的研究产生了深远的影响。

（3）桑克尔的理论。杰弗里·桑克尔的理论主要集中在"全球化与发展"之间的关系上。桑克尔在《全球化与贫困》一书中，对全球化过程中的经济发展进行了深入分析，他的理论框架挑战了传统经济学对全球化和发展中国家经济增长的解释，提出了全球化对经济发展的复杂影响。

桑克尔在《全球化与贫困》一书中提出，全球化过程对发展中国家的经济影响是双重的，一方面，全球化可以带来经济增长和技术进步；另一方面，它也可能加剧经济不平等和社会分裂。在全球化的背景下，发展中国家的经济发展既有机遇又有挑战。桑克尔的"全球化陷阱"，指的是发展中国家在全球化过程中可能陷入的经济困境，这种困境源于全球化带来的市场竞争压力、资本流动的不平衡以及国际经济政策的限制，使得发展中国家在全球经济中难以获得公平的发展机会。

桑克尔的理论还强调了"制度质量"对经济发展的影响，认为发展中国家的经济增长不仅取决于市场力量，还受到制度安排的制约。具体而言，通过改善制度环境、加强政府治理和推动社会改革，发展中国家可以更好地利用全球化带来的机遇，实现可持续发展。桑克尔的"制度改革战略"，旨在通过加强政府能力和优化政策环境，帮助发展中国家克服全球化带来的挑战，推动经济增长和社会进步。

二、经济制度安排论

（一）经济制度安排的相关界定

基于制度安排的重要性，人们将经济制度的安排纳入现代经济发展的理论分析之中。置经济制度分析于经济发展之中常需要以下基本经济概念：

1. 交易成本

经济分析中的交易成本具有两方面的意义：从广义上来看，"交易成本包括所有那些不可能存在于没有产权、没有交易、没有任何经济组织的经济运行中的成本。"[①] 从狭义上来看，交易成本指的是某一项交易所需花费的时间和精力。

2. 产权

产权的界定是经济理论中一个关键的议题，其分析主要围绕产权如何影响资

---

① 祁翔，荣金霞，史文燕. 现代经济发展理论与实践 [M]. 哈尔滨：哈尔滨出版社，2021：45.

源的配置和经济绩效。根据交易成本分析的理论,产权的明确界定对于经济效率的影响是显著的。科斯定律提供了一个重要的视角,认为在市场上交易成本为零的理想条件下,产权的初始分配对经济绩效没有实质性影响。换句话说,在这种情况下,资源的最优配置和经济效率的实现并不受产权初始界定的限制,而是取决于市场交易的自由度和资源的可获取性。

然而,现实中的市场交易并不完全符合零交易成本的假设。实际经济中存在各种交易成本,这些成本包括谈判成本、信息获取成本以及合同执行成本等。在这种情况下,产权的初始界定变得尤为重要。产权的界定不仅影响资源的分配,还会对市场的效率产生深远的影响。法律制度在这种环境下扮演了关键角色,因为它决定了资源如何合法使用和转移,进而影响了经济制度的运作和效率。

在实际经济环境中,产权的初始界定会直接影响资源配置的效率。明确的产权界定有助于减少交易成本,简化资源的转移和使用过程,从而提高市场的运作效率。当产权不明确或界定模糊时,交易双方可能面临额外的成本,包括法律纠纷和资源争夺,这些成本会削弱市场的效率,阻碍资源的最优配置。因此,产权的有效界定和法律保护是实现资源优化配置和经济增长的前提条件。此外,产权界定的变化还可能对经济绩效产生重大影响。如果产权的界定不符合市场参与者的实际需求或法律制度的调整成本过高,市场可能无法实现最优的资源配置和经济效益。在这种情况下,法律制度的改革和产权的重新界定可以通过降低交易成本、提高资源的流动性和减少市场的不确定性来促进经济的发展。然而,这种调整的过程可能涉及高昂的市场费用,使得最优的产权配置和经济效益难以实现。

3. 制度

经济制度的分析涉及对制度本身结构的深入探讨。制度被定义为一系列行为规则,这些规则规范着社会、政治和经济行为。制度不仅包括法律和规章制度,还涵盖了行为规范、道德伦理以及社会习惯等方面。通过对这些规则的研究,可以更好地理解制度如何约束个体行为,并影响经济发展和社会进步。

经济制度的核心在于其对经济行为的约束作用。制度设立了行为的边界和规则,指导个体在经济活动中的决策和行动。具体而言,制度规定了资源的分配方式、交易的规范、市场的运作规则等,这些规则和程序不仅决定了市场的运行机制，还对经济主体的行为模式产生深远影响。例如，产权制度的完善能够减少交易成本，提高市场效率；劳动市场的规范化能够促进公平竞争和劳动者的权益保护；金融制度的健全能够保障资本的流动性和经济的稳定性。

制度的设计和实施在现代经济发展中具有重要意义。一个有效的经济制度能够促进资源的合理配置，激励经济主体的积极性，从而推动经济增长和社会进步。然而，不完善或不适应的制度可能导致资源的浪费、市场的不公平以及经济的不稳定。制度的有效性不仅取决于其设计的科学性和合理性，还依赖于其实施的有效性和公正性。

在现代经济中，制度改革和创新也显得尤为重要。随着全球化和市场化进程的推进，传统的经济制度面临着新的挑战和机遇。经济制度需要不断调整和完善，以适应新的经济环境和社会需求。制度改革可以通过优化规则和程序、提高透明度和公正性来增强市场的活力和经济的韧性。同时，制度的创新可以推动经济结构的转型，提升经济发展的质量和效率。

（二）经济发展中制度安排的意义

1. 制度安排是资源得以有效配置的前提

在经济增长与资源配置领域中，制度安排扮演着至关重要的角色，影响着资源配置的效率和效果。制度安排不仅塑造了资源配置的主体角色，也决定了资源配置的机制和方式。

（1）经济增长中资源有效配置的主体。在发展中国家的经济增长过程中，资源有效配置的主体主要包括政府、企业和家庭部门。这三类主体在资源配置中的角色各具特点，其功能和作用由社会经济运行中的制度安排所决定。

第一，政府的角色与功能。政府在资源配置中的作用主要体现在制定政策、规制市场以及提供公共服务。首先，政府通过政策制定影响资源的配置方向。例如，通过税收政策和补贴政策，政府能够引导资源流向优先发展的产业和领域，从而促进经济结构的优化和升级。其次，政府在市场规制方面的作用不可忽视。有效的市场规制能够防止市场失灵，确保资源配置的公平性和效率。最后，政府提供的公共服务，如基础设施建设和教育服务，直接影响着资源的有效利用。这些公共服务不仅满足了社会基本需求，还提升了全体经济主体的生产力。

第二，企业的角色与功能。企业在资源配置中的主要功能是根据市场需求和竞争状况调整生产要素的使用。企业的生产决策受到市场信号的驱动，通过资源的优化配置提升生产效率和产品质量。制度安排如知识产权保护、竞争政策等对企业的创新和竞争行为有着直接影响。有效的制度安排能够激励企业进行技术创新，推动生产力的提高。企业在资源配置中的作用不仅仅是根据市场变化进行调整，更在于通过自身的创新和投资，带动整个行业的资源配置优化。

第三，家庭部门的角色与功能。家庭部门作为资源配置的基础单位，其作用主要体现在劳动供给、消费需求和储蓄投资等方面。家庭的消费需求决定了市场上的产品需求结构，影响企业的生产决策和资源配置。家庭的储蓄和投资行为也对经济增长产生深远影响。家庭部门的资源配置不仅依赖于市场机制，还受到制度安排的影响。例如，税收政策、社会保障制度等都会影响家庭的消费和储蓄决策，从而间接影响资源的配置效果。

（2）经济增长中资源有效配置的机制。在经济增长过程中，资源有效配置的机制主要包括市场机制和计划机制。这两种机制各有优劣，决定了资源配置的方式和效果。要实现资源的有效配置，必须根据实际情况进行有机结合和合理搭配，以满足不同经济阶段和发展目标的需要。

第一，市场机制的优势与局限。市场机制在资源配置中具有显著的优势。首先，市场机制通过价格信号有效地反映了资源稀缺性的变化，引导资源向高效利用的领域流动。市场竞争促使企业不断创新和提高生产效率，从而优化资源的配置。其次，市场机制具有灵活性，能够快速响应经济环境的变化。然而，市场机制也存在局限性，尤其是在公共品供给、市场失灵等方面。例如，市场机制无法有效解决外部性问题和不平等问题，这可能导致资源配置的低效或不公平。

第二，计划机制的优势与局限。计划机制在资源配置中也有其独特的优势。计划机制通过集中资源和制定长远发展战略，能够实现资源的集中利用和系统优化。这种机制在经济转型和结构调整过程中尤为重要，能够有效协调各个部门和地区的发展。然而，计划机制也存在局限，主要体现在信息不对称和官僚主义等方面。计划机制的效果往往受到政策制定者信息和能力的限制，可能导致资源的低效配置和浪费。

第三，市场机制与计划机制的有机结合。为了实现资源的有效配置，需要市场机制与计划机制的有机结合。在不同经济阶段和发展目标下，两种机制可以相辅相成，共同促进资源的优化配置。在市场经济体制下，政府可以通过制定战略规划和实施政策来弥补市场机制的不足，而市场机制则提供了灵活性和效率。在经济转型和发展过程中，合理搭配市场机制和计划机制，能够有效地协调资源配置，推动经济的持续增长。

2. 制度安排是决定经济增长速度高低的主要因素

在探讨经济增长的过程中，制度安排作为一种关键的制度性因素，其作用不可忽视。与资本积累、技术进步及人力资本质量等技术性因素相比，制度安排在经济增长中的作用显得更加基础和根本。制度安排不仅仅影响着经济资源的配置效率，更直接决定着经济增长的速度和质量。从经济历史的角度来看，各国经济增长的差异往往可以归因于其制度安排的差异。同时，制度安排对经济发展的影响也可以通过政府功能的发挥得到深刻理解。

（1）从经济历史的角度来看，不同国家和地区的经济增长历程表明，制度安排的差异在经济发展中扮演了至关重要的角色。制度安排能够显著影响一个国家的经济增长速度。例如，19 世纪末至 20 世纪初，欧美国家通过建立完善的法律和制度体系，保障了市场经济的有效运作，促进了工业化进程和经济增长。而许多发展中国家在经济发展过程中，由于制度安排的不完善，常常面临着效率低下和资源浪费等问题，这进一步限制了它们的经济增长潜力。制度安排的差异不仅体现在制度的存在与否，还体现在制度的质量和适应性上。一个国家的经济增长速度和质量在很大程度上取决于其制度安排是否能够适应经济发展的需求，是否能够提供有效的激励和约束机制。

（2）从政府功能的发挥来看，制度安排对经济增长的影响主要体现在政府如何通过制度安排来优化资源配置、激励创新、维护市场秩序等方面。有效的制度安排能够提供一个稳定的经济环境，使得市场主体能够在预期明确的条件下进行投资和生产。这种稳定性不仅包括法律法规的稳定性，还包括政策执行的透明性和公正性。例如，完善的产权保护制度能够激励企业进行长期投资和创新，而不完善的制度则可能导致产权纠纷频发，抑制投资意愿。此外，政府在制度安排中的作用还体现在推动制度创新和改革方面。制度创新能够带来新的经济增长点，推动经济发展进入新的阶段。政府通过不断优化制度安排，能够有效应对经济发展中的挑战，提高经济增长的质量和效率。

因此，制度安排作为决定经济增长速度高低的主要因素，其重要性不容忽视。无论是从经济历史的角度，还是从政府功能的发挥来看，制度安排都在经济增长中扮演了核心角色。只有通过不断优化和完善制度安排，才能为经济增长提供稳定和有效的支持，推动经济向更高质量的方向发展。

3. 制度安排是市场交易及现代企业制度的基础

在现代化经济体系中，制度安排尤其是产权的有效组织，已经成为市场交易及现代企业制度的基础。产权不仅是法律上的一种权利，更是实现市场交易和促进企业制度运作的核心工具。制度安排的优劣直接影响到市场的效率和企业的运行效果，进而影响到经济发展的整体水平。

（1）产权在现代化经济体系中扮演着重要的角色。作为一种社会工具，产权的有效界定和保护帮助人们形成与他人交易的理性预期。明确的产权制度使得市场交易能够顺利进行，因为它确保交易双方的权利和责任得到了清晰的界定。例如，产权界定清晰的土地市场能够促使土地资源的有效配置，进而促进经济发展。现代化经济体系中的产权不仅仅涉及物质资产的所有权，还包括了知识产权、股权等多种形式。通过明确产权的归属，市场主体能够在清晰的规则下进行交易，从而提高交易效率，降低交易成本。

（2）产权的界定在市场经济中起到了规定经济责任的作用。产权赋予个人或实体的行为权利总是受到一定的约束，这些约束在本质上规定了在经济活动中谁将受益或受损。因此，产权的界定不仅涉及资源的分配，还涉及经济责任的分担。例如，企业的产权结构影响着企业的治理结构和经营决策，合理的产权安排能够促进企业的高效运营和长期发展。另外，产权界定得不清晰则可能导致资源的浪费和经济责任的模糊，使市场机制无法有效发挥作用。此外，产权的界定还涉及法律的实施和保护机制，完善的法律体系能够保障产权的有效执行，从而促进市场经济的健康发展。

4. 制度安排及其发展是矫正经济价格的组成部分

在发展中国家的经济体系中，经济价格扭曲现象普遍存在，导致价格无法准确和及时地反映商品与劳务的供需关系，这一现象的出现，往往可以归结为几个主要原因，这些原因不仅与市场机制的固有缺陷有关，也与制度安排的发展密切相关。

（1）即便在最发达和效率最高的经济体系中，市场机制仍然存在潜在的失效可能性，这种失效通常源于公共品的特性、外部性问题、信息不完备以及较高的经济交易成本等因素。公共品的特性使得市场无法有效地对其进行定价，因为这些商品的消费不具有排他性，并且一方的消费不会减少其他方的消费，这种情况下，市场价格往往无法真实反映公共品的供需情况。外部性问题同样影响市场价格的准确性，例如，企业生产活动中的负外部性可能导致环境污染，而市场价格却未能反映这种社会成本。信息不完备则意味着市场参与者无法获得完全的信息，从而影响他们的决策。高交易成本使得市场交易不够频繁，进一步扭曲了价格机制。这些市场失效因素使得即使在最优的经济条件下，价格也可能无法准确反映真实的供需关系。

（2）随着经济发展的进程，政府的规模往往会扩大，政府对经济的干预也随之增加。这种情况在发展中国家表现得尤为明显。当政府通过其公共政策和预算影响市场时，往往会导致经济价格的扭曲。如果政府的决策是基于非市场力量而非市场需求，那么在缺乏有效监督和透明度的情况下，政府的经济行为就可能导致价格的偏离。这种价格扭曲不仅影响市场的有效性，还可能阻碍经济的健康发展。政府干预的意图虽然可能是为了纠正市场失灵或实现社会公平，但不恰当的干预往往会导致新的扭曲，影响资源的优化配置。

（3）经济发展的过程中，各种经济行为不是孤立发生的，而是一个连续的过程。当资本市场、经济合约体系以及产权等经济制度试图通过实施经济规则来规范经济交易时，这些规则的惯性和固有特征可能会导致市场效率的降低。经济制度的发展往往伴随着一定的惯性，这种惯性可能导致市场价格的持续扭曲。即使在制度不断完善的情况下，市场机制的调整仍需时间，而这种调整的滞后效应可能引发价格的进一步扭曲。

在发展中国家，法律和制度的基础设施往往不够健全，这也是造成价格扭曲的一个重要因素。市场经济的不发达使得法律秩序和制度安排无法有效地调节经济行为，导致价格的根本性扭曲。在这种情况下，市场价格更容易受到各种干扰，无法真实反映商品和劳务的稀缺程度或盈余情况。法律和制度的不完善往往导致市场规则的不明确，使价格信号失真，从而影响经济决策和资源配置的效率。

5. 制度安排能够提供人类相互影响的行为框架

在发展中国家，经济资源的短缺常常导致人们在争夺有限资源的过程中形成激烈的竞争。为了提高自身的经济利益，个体不仅需要通过专业化来优化自身的经济活动，还需要通过交易来获取所需的商品和服务，从而提升生活水平。生产专业化使个体能够专注于其最擅长的领域，从而提升生产效率和总产出。交易则为个体提供了获取他人专业化成果的途径，并进一步激励个体从事高效的经济活动。为了有效地管理这种资源竞争和经济冲突，发展中国家需要建立一套明确的行为规则和制度安排，这些规则和制度将指导个体的竞争行为，协调社会经济资源的分配，进而促进经济的增长和发展。

在这一过程中，市场机制通常被视为资源配置的重要手段。市场机制通过价格信号引导资源的配置，从而缓解商品和劳务供给的短缺。然而，市场机制的有效性依赖于许多制度性因素，特别是产权的明晰和交易成本的高低。产权的界定明确了资源的拥有权和使用权，确保了交易的合法性和稳定性。交易成本则决定了市场交易的成本和难易程度，高交易成本可能阻碍交易的发生，影响市场机制的效率。因此，在市场机制的有效运作中，制度安排扮演了至关重要的角色。

在经济发展过程中，政府的作用显得尤为重要。政府不仅是法律秩序的制定者和执行者，还承担着引导社会合作与竞争关系的责任。政府通过制定和实施法律、规章制度来规范经济行为，降低交易成本，明确产权界定，从而为市场交易提供稳定的环境。法律秩序的健全程度直接影响到社会经济资源的配置效率。一个完善的法律框架能够有效地维护市场秩序，保护产权，减少经济摩擦，并为社会成员提供明确的行为准则。

此外，制度安排还涉及如何处理经济冲突和竞争问题。发展中国家的经济环境通常充满不确定性，个体在资源分配和经济活动中面临各种挑战。制度安排通过设立规则和程序，帮助解决这些问题，提供了一个相对稳定和可预期的经济环境。通过明确竞争规则和冲突解决机制，制度安排能够减少经济冲突的频率和强度，促进社会合作与协调，从而实现资源的最优配置和经济的持续发展。

（三）经济发展中的制度安排创新

经济发展中的制度创新是指能够使创新者获得追加利益的现存制度的变革，往往是指采用组织形式或经营管理形式方面的一种新发明的结果。一般而言，只有在制度创新预期带来的收益大于为进行制度创新而付出的成本时，经济发展中的制度创新才能成为可能。技术创新与制度创新是现代经济发展中创新的两大主要形式。但需要注意的是，此两者既有其一致之处，同时又有区别。类似之处在于：技术创新与制度创新均是对原有格局的突破，创新的动力均来源于创新能给创新者带来的预期纯收益；区别在于：技术创新的时间主要依赖于物质资本的寿命长短，而制度创新的时间却并不取决于物质资本的寿命长短，而是决定于制度本身的安排是否合理等因素的综合作用。

1. 经济发展中制度安排创新的均衡

（1）制度安排创新的需求分析。一般而言，在经济发展中影响制度创新需求的有关因素具体如下：

第一，经济发展中市场规模的变化。随着经济的发展和市场规模的扩大，市场上商品及劳务的交易规模也相应增长。市场规模的扩大使得经营管理方面的复杂性增加，这包括了信息传递、资源配置以及交易成本的增加。然而，经营管理中的某些成本在一定范围内具有递减效应，即在进行等量的投资时，可以获得更大程度的收益。这种递减效应使得原有的制度安排可能无法适应新的市场条件，进而产生了对制度创新的需求。制度创新成为一种必然选择，以便通过优化现有制度来适应市场规模的变化，并最大化市场潜力。例如，面对市场规模的扩大，传统的监管和管理机制可能会显得滞后，故而必须进行制度创新以提升市场效率和促进公平竞争。因此，市场规模的变化直接推动了对制度创新的需求。

第二，经济发展中的生产技术变化。生产技术的进步在经济发展中扮演着关键角色。一方面，技术进步使得生产规模得以扩大，复杂的生产组织与经营管理形式逐渐成为有利可图的选择。技术的提升不仅提高了生产效率，还促使了经济结构的变化；另一方面，技术进步也导致了社会生产的积聚，尤其是人口集中于大城市，这为新的投资机会提供了广阔的空间，这种技术和生产组织的变化不仅创造了新的经济机会，还引发了对现有制度安排的重新审视和改进。为了充分利用技术进步带来的经济利益，社会需要不断创新制度，以适应新的生产方式和经济环境。因此，生产技术的变化直接推动了对制度创新的需求，以便充分发挥技术进步的经济潜力。

第三，经济发展中要素价格的变化。要素价格的变化对经济发展中的制度创新需求具有重要影响。在经济发展的过程中，尤其是在人力资源等关键生产要素的价格波动下，不同社会集团对未来收入的预期也会发生变化。当某一社会集团对收入预期出现不利调整时，他们会倾向于重新评估现有制度安排下的成本和收益，从而引发对制度创新的需求。特别是在人力资源这一生产要素具有较强能动性的情况下，收入预期的改变会对制度的有效性提出新的要求。因此，社会集团可能会寻求通过制度创新来阻止收入预期的进一步恶化，或是希望通过新的制度安排来获得更好的经济回报。要素价格的变化在这种背景下推动了对制度创新的强烈需求，以确保经济制度能够更好地适应和应对市场环境的变化。

第四，经济发展中的宪法秩序。宪法秩序作为制度安排的重要组成部分，对制度创新的需求具有深远影响。宪法秩序的变化，即政权基本规则的调整，能够显著影响新制度安排的预期成本和收益。宪法秩序的稳定性和适应性直接关系到制度创新的可行性和必要性。一个健全且适应性强的宪法秩序能够为制度创新提供有利的基础，减少不确定性，降低实施新制度的风险。然而，当宪法秩序发生变动时，原有的制度安排可能会受到挑战，新的规则和制度安排需求也随之增加。因此，宪法秩序的变化不仅影响了经济发展中的制度安排，还决定了制度创新的方向和优先级。有效的宪法秩序能够为经济制度的创新提供支持，从而促进经济的发展和社会的稳定。

（2）制度安排创新的供给分析。制度安排创新的供给分析旨在探讨从供给方面的因素对制度创新的影响，以便理解制度安排创新的发生机制及其决定因素。与制度安排创新的需求分析相对应，供给分析关注的是政治秩序提供新的制度安排的能力和意愿。制度安排创新的供给主要取决于创新的成本与收益的权衡，及其在政治、经济和社会环境中的综合作用。

第一，经济发展中制度设计的成本。制度设计成本是制度创新供给的重要决定因素之一，该成本主要包括设计新制度所需的人力资源及其他资源的费用。制度设计的复杂性直接影响其成本。一般而言，当设计新制度需要高度熟练的专业人才及尖端技术时，设计成本通常较高。反之，如果设计过程对劳动投入的要求较低，则成本会相对较低。因此，制度设计的成本与制度创新的供给之间存在反向关系。换言之，当制度设计的成本增加时，创新的供给意愿会降低；而当设计成本减少时，创新的供给意愿则会增加。这种反向关系表明，制度创新的供给受到制度设计成本的直接影响，较高的成本会抑制创新活动，而较低的成本则有助于推动创新。

第二，经济发展中的制度实施成本。制度实施成本指的是新制度安排实际运作所需的预期成本，这种成本的高低主要取决于公共行政管理的效率。如果社会上的行政管理效率较高，则实施新制度的成本较低；反之，效率低下则导致成本增加。制度实施成本与制度设计成本共同构成了制度创新的整体成本。理论上，制度实施成本的变化会与制度创新的供给呈反向变动关系。即如果实施成本较高，制度创新的供给可能受到抑制；而如果实施成本较低，则有助于提高制度创新的供给。因此，实施成本的高低在很大程度上影响了制度创新的实际实施及其供给情况。

第三，经济发展中的上层决策者的净收益。上层决策者的预期净收益是制度创新供给的关键因素之一。重要的制度创新往往涉及政界企业家和创新者的政治手段及资源动用。上层决策者在设计和实施新制度时，会考虑其个人或集团的预期收益与所需投入资源的边际成本。如果预期收益大于边际成本，决策者将更有动力推进制度创新；反之，则可能抑制创新的供给。由于政界企业家的私人收益与社会收益之间存在差异,制度创新的供给往往不会达到社会最优水平。社会中的既得利益集团和权力结构对制度创新的供给也有显著影响。因此,经济发展中制度创新的供给与上层决策者们的预期净收益呈正向关系。在其他因素相对稳定的情况下,上层决策者的预期纯收益越高,制度创新的供给越积极。

2. 经济发展中制度安排创新的过程

制度安排创新的过程是一个复杂而系统的动态过程,涉及多方决策、利益博弈和实践实施。一般而言,这一过程可以分为以下五个方面:

(1) 形成第一行动集团。制度安排创新的过程首先涉及形成第一行动集团,这一集团由那些在经济发展中能够预见某项制度创新的潜在收益,并且认识到通过实施创新可以实现这些收益的决策者组成。第一行动集团通常包括政府官员、政策制定者、企业领袖以及具有前瞻性思维的学者等。这个群体对经济变化有较为敏锐的洞察力,他们能够识别出当前制度框架下的不足,并且预测到新的制度安排可能带来的显著改进。第一行动集团的形成通常需要对现行制度进行深入的分析和评估,了解其限制性和潜在的问题。通过对经济环境和市场需求的全面调研,第一行动集团能够形成对制度创新的初步构想,并为下一步的方案设计打下基础。在这一阶段,成功的关键在于第一行动集团是否能够准确识别制度创新的切入点和实际需求,以及其对未来收益的准确预期。

(2) 第一行动集团提出制度安排创新的方案。在形成了第一行动集团之后,下一步提出具体的制度创新方案。如果现有的制度框架下尚未存在适用于当前需求的现成方案,那么第一行动集团必须通过创造性思维和系统性研究,发掘和设计新的制度安排,这个过程可能涉及大量的数据收集、模型建立和实地调研,以确保创新方案的科学性和实用性。在此过程中,第一行动集团需要克服现有制度的惯性和限制,尝试打破传统的思维模式,探索创新的可能性,这一阶段的核心是制定出切实可行的制度创新方案,并对其进行初步的风险评估和成本效益分析。方案的提出不仅要考虑经济效益,还要综合考虑社会、文化和政治等多方面的因素,以确保创新方案的全面性和适应性。

(3) 选择最优的制度安排创新方案。在第一行动集团提出若干个制度创新方案之后,必须进行方案的比较和选择,这一阶段的主要任务是根据利益最大化的准则对不同方案进行评估,以选择最具实施潜力和效果的方案。评估过程通常涉及定量分析和定性分析相结合的方法,包括对各方案的成本、收益、风险及其对现有制度和利益相关者的影响进行全面的考量。第一行动集团需要建立一套科学的评估体系,综合考虑各种可能的经济和社会效果,并对每个方案的可行性进行深入分析。在这一过程中,决策者不仅要依赖于经济模型和数据,还需结合实际情况和市场反馈,对各个方案进行动态调整和优化。最终,选择的方案应当能够在最大程度上满足经济增长的需求,同时减少潜在的负面影响。

(4)形成第二行动集团。在制度安排创新的推进过程中,形成第二行动集团是至关重要的。第二行动集团由那些在制度安排创新实施过程中能够协助第一行动集团实现其目标的社会经济单位构成,这些单位包括相关的企业、行业协会、社会组织及其他利益相关者,他们能够为制度创新提供支持、资源和技术帮助。第二行动集团的形成通常基于对第一行动集团创新方案的认可和支持,他们将通过合作、资源整合和政策倡导等方式,推动制度创新的实施。该阶段的关键在于构建有效的合作网络,确保创新方案能够得到广泛的社会支持和资源保障。第二行动集团的协作不仅有助于推进制度创新,还能在实施过程中解决实际问题,提升制度创新的成功率。

(5)第一行动集团与第二行动集团共同努力,实现制度安排创新。第一行动集团与第二行动集团需要密切合作,共同推动制度创新的实现。在这一阶段,第一行动集团负责整体战略的把握和指导,而第二行动集团则在具体实施中发挥作用。双方的合作需要建立在明确的目标和分工基础上,确保制度创新的各个环节能够顺利衔接。实施过程中,可能会面临各种挑战和障碍,包括政策阻力、利益冲突及资源短缺等。为了克服这些困难,第一行动集团与第二行动集团需要保持良好的沟通和协调,及时调整策略,以适应不断变化的经济和社会环境。同时,监控和评估机制的建立也十分重要,以确保制度创新能够按照预期目标推进,并及时进行必要的调整和改进。通过双方的共同努力,制度创新才能够真正实现其预期的效益,并为经济发展提供持续的动力。

第三节 经济发展方式及其转变

经济发展方式的转变,是经济社会发展到一定阶段的必然趋势。当前,"我国经济体制已实现由传统计划经济向社会主义市场经济的转变,这在一定程度上推动了由经济增长方式至经济发展方式的转型"[①]。经济发展方式指的是一个国家或地区在一定历史阶段内,通过特定的经济政策和手段推动经济增长和社会进步的路径与模式。经济发展方式不仅影响着国家的经济总量和增长速度,还决定着经济结构的优化与升级、社会财富的分配及生活水平的提高。近年来,随着全球化进程的推进和科技革命的不断深化,经济发展方式也经历了诸多变革。

一、经济发展方式的类型

(一)传统经济发展方式

传统经济发展方式主要以工业化为核心,通过大量的资本投资和劳动投入推动经济增长。在这一模式下,国家通常依赖资源密集型产业,如重工业和制造业,通过技术进步和规模经济实现经济的快速增长,这种方式的显著特征具体如下:

第一,资本驱动型增长。传统经济发展方式主要依赖于大量资本投入,包括基础设施建设和重工业投资,这种模式的成功在于资本的高回报率,但也伴随着高投入、高风险和高污染的问题。

第二,劳动密集型生产。在早期的工业化过程中,劳动密集型产业如纺织、制造业等占据主导地位,这种模式通过大量的劳动力投入实现生产规模的扩大,但也容易导致劳动条件的恶化和社会不平等的加剧。

第三,资源消耗与环境压力。传统经济发展方式通常伴随着资源的过度开采

---

① 姚正海,秦悦,王强.经济发展方式转变的理论基础与实现路径 [J].商业经济,2022 (11):140.

和环境的严重污染。大规模的工业活动对自然资源的消耗和环境的破坏,导致了资源枯竭和生态环境的恶化。

第四,经济结构单一。经济结构单一这种发展模式往往导致经济结构的单一化,即过度依赖某些传统产业,而忽视了服务业和高技术产业的发展。这种单一结构在全球经济竞争中容易暴露出脆弱性。

传统经济发展方式的局限性在于其难以实现可持续发展。随着资源的不断枯竭和环境问题的加剧,传统模式的增长潜力受到限制,导致了经济增长的瓶颈和社会发展的停滞。因此,必须探索新的经济发展方式,以应对新时代的挑战。

(二) 新兴经济发展方式

随着全球经济环境的变化和技术的进步,新兴经济发展方式逐渐崛起,这些新兴模式不仅在经济增长速度上超越了传统模式,还在经济结构和社会效益上表现出明显的优势,主要的新兴经济发展方式具体如下:

1. 知识驱动型经济

知识驱动型经济是一种以知识和信息技术为核心,借助创新推动经济增长的新兴经济模式。此模式主要依赖于研发投入、技术创新以及知识管理,从而推动高技术产业和服务业的发展。在这一模式中,知识不仅是经济增长的源泉,更是生产力的重要组成部分。知识驱动型经济的核心在于通过技术的不断进步和创新,提升生产效率、改进产品质量,从而形成新的经济增长点。

(1)知识驱动型经济的兴起显著改变了传统经济增长模式。传统经济模式往往依赖于大量的资本和劳动投入,而知识驱动型经济则更加注重创新和技术的引领作用。企业在知识经济模式下,通过加大研发投入,开发新技术和新产品,从而实现技术创新和市场拓展。例如,信息技术领域的巨头公司如谷歌、苹果和微软,通过不断地技术研发和创新,成功地引领了全球科技进步,并在此过程中获得了巨大的经济利益。技术创新不仅推动了这些企业的快速增长,也促进了相关行业的发展,为社会创造了大量就业机会和经济增长点。

(2)知识驱动型经济的实施还推动了高技术产业和服务业的发展。在传统经济模式中,重工业和制造业占据主导地位,而在知识经济模式下,高技术产业和服务业成为经济增长的新引擎。例如，生物技术、人工智能和大数据分析等新兴领域迅速崛起，成为推动经济增长的重要力量。这些高技术产业不仅提升了生产效率和技术水平，还促进了新型服务业的兴起，如金融科技、医疗科技和教育科技等。这些领域的快速发展，为经济增长提供了新的动力，并在全球经济中占据了越来越重要的地位。

（3）知识驱动型经济还带来了生产效率的显著提升。通过技术创新和知识管理，企业能够更有效地利用资源，减少生产过程中的浪费，提高生产效率。例如，智能制造和自动化技术的应用，使得生产过程更加精准、高效，从而降低了生产成本和能源消耗。这种效率的提升不仅有助于企业获得更高的利润，也推动了整个经济体系的优化和升级。

2. 绿色低碳经济

绿色低碳经济作为应对环境污染和资源枯竭的重要经济模式，逐渐成为全球共识。该模式通过推动可再生能源的开发、提高能源效率和减少碳排放，旨在实现经济的可持续发展。绿色经济的发展不仅有助于提高环境质量，还推动了绿色技术和产业的创新，成为现代经济发展的重要方向。

（1）绿色低碳经济的核心在于推动可再生能源的开发和应用。传统能源如煤炭、石油和天然气的使用导致了严重的环境污染和资源枯竭，而可再生能源如太阳能、风能和水能则为解决这些问题提供了可行的替代方案。例如，近年来，全球范围内对太阳能和风能的投资不断增加，相关技术的进步使得这些能源的利用效率显著提升。在中国，国家政策大力支持可再生能源的发展，推动了光伏发电和风电产业的快速成长。这些努力不仅减少了对传统能源的依赖，还大幅度降低了碳排放，为环境保护和可持续发展做出了重要贡献。

（2）绿色低碳经济的实施还包括提高能源效率的措施。通过技术改进和管理优化，提高能源使用效率是减少能源消耗和降低碳排放的重要途径。例如，建筑节能技术的应用、智能电网的发展以及能源管理系统的推广，都有助于提高能源使用效率。在工业领域，许多企业通过引入高效能设备和生产工艺，减少了能源的浪费和环境的污染。这种提高能源效率的措施不仅降低了企业的运营成本，还推动了绿色经济的发展。

（3）绿色低碳经济还推动了绿色技术和产业的创新。随着对环境保护的重视，越来越多的企业和研究机构投入到绿色技术的研发中。例如，新能源汽车技术的进步和绿色建筑材料的创新，都在推动绿色经济的发展。这些绿色技术不仅提高了环境质量，还促进了新兴产业的成长，创造了大量的就业机会和经济增长点。

3. 共享经济

共享经济作为一种新兴的经济模式，通过资源的共享与优化配置，减少了资源浪费和降低了经济成本。这一模式以平台经济为基础，利用互联网技术将闲置资源与需求对接，实现了经济的高效运作和社会资源的最大化利用。共享经济的兴起不仅促进了经济增长，还改变了传统的消费模式和社会结构。

（1）共享经济的核心在于资源的共享和优化配置。通过互联网平台，闲置的资源能够快速找到需求者，从而实现资源的高效利用。例如，出行领域的共享汽车和共享单车，通过平台的调度和管理，将闲置的交通工具提供给需要的人，从而减少了个人购车的需求和交通拥堵现象。住宿领域的共享平台如 Airbnb，通过将个人闲置的房间或住宅出租给旅行者，不仅为房主创造了额外的收入，还为旅行者提供了更多的住宿选择。这种资源的优化配置，不仅降低了社会的资源浪费，还提升了经济的运作效率。

（2）共享经济模式改变了传统的消费模式和社会结构。传统经济模式中，个人往往通过购买产品或服务来满足需求，而在共享经济模式下，消费方式则转向使用共享资源。这种转变不仅改变了消费者的消费习惯，也对传统产业造成了冲击。例如，共享经济的兴起使得传统的出租车行业面临着巨大的竞争压力，促使传统企业不得不进行转型和创新。此外，共享经济还推动了新的商业模式和社会服务的出现，如共享办公空间、共享物流等，这些新兴领域的快速发展，为经济增长注入了新的活力。

（3）共享经济的成功也依赖于技术的进步和平台的创新。互联网技术和移动支付的普及，使得共享经济平台能够高效地进行资源的匹配和交易。这些技术不仅提升了服务的便利性和用户体验，还推动了平台经济的快速扩张。然而，共享经济模式也面临一些挑战，如平台的监管问题、用户隐私的保护以及资源分配的公平性等，需要通过制定相关政策和法规来解决。

4. 数字经济

数字经济利用信息技术和数字化手段，实现经济活动的数字化、网络化和智能化。随着信息技术的飞速发展，数字经济成为推动全球经济增长的重要力量。数字经济不仅提高了经济运行的效率，还创造了新的商业模式和就业机会，正在改变传统产业的结构和市场竞争格局。

（1）数字经济的核心在于信息技术的广泛应用。数字技术的进步使得经济活动能够以数字化、网络化的方式进行，从而提升了经济运行的效率。例如，电子商务的兴起使得消费者可以通过互联网平台进行购物，不再受限于传统的实体店铺。这种转变不仅提高了购物的便利性，还推动了零售业的发展。此外，金融科技的发展使金融服务更加便捷和普及，例如，移动支付和在线银行服务的普及，改变了传统金融服务的方式，提高了金融服务的效率和覆盖面。

（2）数字经济还推动了新的商业模式的创新。数字化手段的应用使得企业能够实现业务的在线化和智能化，从而创造了新的商业机会。例如，平台经济模式的兴起，使得企业能够通过互联网平台提供各种服务，如共享经济、云计算服务等。这些新兴商业模式不仅带来了新的市场机会，还推动了相关产业的发展。此外，数字经济还催生了大量的数字创意产业，如游戏开发、数字营销和内容创作等，为经济增长注入了新的活力。

二、经济发展方式的转变

经济发展方式的转变是应对全球经济环境变化和国内经济挑战的重要途径。实现经济发展方式的转变不仅要求在科技创新、体制机制、财税改革和政府绩效考核等方面进行深刻变革，还需要在具体实践中找到平衡点，以确保经济的可持续发展和社会的整体福祉。以下从实施创新发展战略、深化经济体制机制创新、加快财税体制改革三个方面进行探讨。

（一）实施创新发展战略

实施创新发展战略是实现经济发展方式转变的内在本质要求。在传统的经济增长模式中,资源、劳动力和资金是推动经济发展的主要驱动力。然而,随着科技进步的加速,经济发展的重心逐渐转向了创新与技术的驱动。创新被广泛视为引领经济发展的核心动力,其战略实施不仅是提高生产力的重要手段,更是实现经济结构优化和长期可持续发展的关键。

第一,创新驱动的发展战略强调科技进步在推动经济增长中的重要作用。科技创新不仅推动了新产品、新工艺的诞生,也促进了产业结构的升级换代。以信息技术为例,数字化和智能化的快速发展催生了新的产业形态,如互联网金融、人工智能等,这些新兴产业不仅创造了大量就业机会,还推动了传统产业的转型升级。通过提升科技对经济增长的贡献,经济发展方式从依赖于自然资源和劳动力的粗放型增长,转向依赖科技和创新的集约型增长。

第二,实施创新发展战略还要求加强产学研相结合,推动技术成果的转化和应用。科技创新不仅需要在实验室中进行探索和突破,更需要通过有效的机制将这些成果应用于实际生产和社会服务中。这要求企业、科研机构和高等院校之间建立紧密的合作关系,形成创新链条的各个环节之间的有效衔接。例如,许多国家和地区通过建立科技园区、创新孵化器等平台,促进技术成果的转化和商业化。此外,政府还应通过政策引导和财政支持,鼓励企业进行研发投入,支持科技成果的市场化应用。

第三,创新驱动的发展战略还需注重创新环境的营造。一个良好的创新环境不仅包括科技基础设施的建设,还涉及知识产权保护、市场竞争机制的完善等方面。知识产权的保护能够激励企业和个人进行更多的创新活动,而市场竞争则能够促使企业不断提升技术水平和产品质量,从而推动整个经济的创新发展。因此,政府在制定和实施创新政策时,需要综合考虑这些因素,创造一个有利于创新的环境。

(二)深化经济体制机制创新

经济体制机制的创新是实现经济发展方式转变的重要保障。经济体制的不同不仅影响经济效率,还决定了资源配置的方式和发展模式的选择。随着经济的不断发展,传统的经济体制和机制已经难以适应新的经济发展需求,因此,深化经济体制机制创新成为实现经济可持续发展的必要条件。

第一，完善要素价格形成的市场机制是深化经济体制机制创新的关键。市场机制的完善能够有效优化资源配置，提高资源的使用效率。在传统的经济体制中，许多资源的价格往往受到行政干预的影响，导致资源的配置偏离市场需求。通过逐步放开价格管制，让市场在资源配置中发挥决定性作用，能够促使资源流向最具效率的领域。此外，市场化改革还需要建立健全的市场体系，完善价格形成机制，包括建立和完善要素市场、商品市场、金融市场等，为资源配置提供更加高效和透明的机制。

第二，深化经济体制机制创新还需减少政府对市场的直接干预。政府干预市场虽然能够在短期内调节经济波动，但过度干预往往会导致市场扭曲和资源浪费。因此，政府应当将更多的精力放在制定和实施宏观调控政策、完善市场规则和维护市场秩序上，减少对市场的直接干预。通过推进市场化改革，建立公平、开放、透明的市场环境，能够激发市场主体的活力，推动经济结构调整和优化升级。

第三，经济体制机制创新还包括促进企业的自主创新和竞争。企业是经济增长的主体，通过推动企业进行技术创新、管理创新和业务模式创新，可以提升企业的核心竞争力和市场份额。政府应通过政策引导和支持，鼓励企业进行自主创新，推动企业之间的良性竞争。同时，还需要加强对市场竞争的监管，防止垄断行为的出现，维护市场的公平竞争环境。

（三）加快财税体制的改革

财税体制改革是推动经济发展方式转变的重要保障。财政和税收是国家经济政策的重要工具，通过合理配置财政资源和调整税制结构，可以有效支持经济的结构调整和转型升级。加快财税体制改革，不仅能够优化财政资源的配置，还能促进经济的公平和高效发展。

第一，财税体制改革需要突出财政的公共服务功能。政府财政支出的重点应转向公共医疗、社会保障、环境保护和基础设施建设等民生领域。这一转变不仅能够改善居民的生活条件和生存环境，还能持续提升人民生活的幸福指数，从而为经济发展提供稳定的社会基础和支持。例如，通过增加对公共医疗和社会保障的投入，可以提高居民的健康水平和生活质量，促进经济的长期发展。同时，基础设施建设的投入也能够提升经济的整体竞争力，为经济发展提供更好的条件。

第二，深化财税体制改革还需系统改革税制结构和税收关系。现有税制下的宏观税负、税制结构以及中央和地方税收关系等方面的问题，需要进行全面的调整和优化。通过改革税收政策，可以充分发挥税制在经济发展方式转变中的积极作用，促进经济的公平和高效发展。例如，通过优化税制结构，减轻企业和个人的税负，能够激励经济主体增加投资和消费，推动经济增长。同时，还需要关注税收优惠政策的实施效果，确保税收政策能够真正支持经济转型和产业升级。另外，在税制改革的过程中，还应重视税收征管的效率和公平性。税收征管的效率直接影响到财政收入的稳定性和税收政策的实施效果，而税收公平性则关系到社会的公平和正义。因此，政府在推进税制改革时，需要综合考虑税收征管的改革，完善税收征管体系，提高税收征管的效率和公平性。

第四节 创新与经济发展理论分析

一、创新与创新经济

(一) 经济发展下的创新

创新通常被定义为新思想、新方法或新产品的实施过程，其本质在于通过创造性地应用知识和技术，产生新的经济价值。一般而言，创新不仅是发明，还包括将这些发明转化为经济上的实际应用。

1. 产品创新

产品创新是企业竞争力的核心驱动力之一。通过引入新产品或改进现有产品，企业能够更好地满足市场上不断变化的需求。以智能手机为例，智能手机的出现不仅改变了人们的通信方式，还引发了整个数字技术生态的变革。早期的手机功能相对简单，仅限于基本的语音通话和短信。然而，随着智能手机的推出，内置计算能力和先进的操作系统让用户能够运行各种应用程序，进行网络浏览、社交媒体互动、高清摄像等，这种创新不仅提高了产品的附加值，也拓展了市场的潜力。智能手机的不断迭代，展示了产品创新在满足消费者需求、推动技术进步和拓展市场边界方面的重要作用。

产品创新不仅体现在完全新产品的推出上，还包括对现有产品的改进。这种改进通常涉及技术升级、功能增强或者设计优化。以家电行业为例，传统的冰箱逐渐引入了智能温控、节能技术和联网功能，这些改进使得冰箱在保持食品新鲜的同时，更加节能环保，并且可以通过手机应用进行远程控制。这样的创新不仅满足了消费者对更高效、更便捷产品的需求，也提升了产品在市场上的竞争力。企业通过不断改进产品，能够保持与竞争对手的差异化，进而赢得更多市场份额。

2. 过程创新

过程创新指的是通过改进生产或交付过程来提升生产效率和质量，这种创新通常涉及技术进步或管理模式的改进。例如，自动化生产线的应用是过程创新的一个重要实例。自动化生产线利用机器人和先进的传感器技术，能够在高速、高精度的情况下进行生产作业，大大减少了人工操作的需求。这种改进不仅提高了生产效率，还降低了生产成本和产品缺陷率。此外，过程创新还可能包括引入新的管理方法，如精益生产，这种方法强调减少浪费、提高生产效率和持续改进，以提升整体生产过程的效能。通过这些创新，企业能够在激烈的市场竞争中保持优势，满足日益增长的市场需求。

技术进步是过程创新的关键驱动力。随着科技的发展，越来越多的高新技术被引入生产和服务过程中。例如，3D打印技术的引入使得企业能够在设计阶段迅速制造出原型，并进行调整和优化，从而缩短了产品开发周期。这种技术进步不仅提高了生产的灵活性和响应速度，还降低了研发成本。又如，工业物联网的应用，通过将传感器和数据分析技术集成到生产设备中，企业可以实时监控生产过程，预测设备故障，从而进行预防性维护。技术进步使得企业能够实现更高效、更智能的生产过程，进而提高产品质量和市场竞争力。

3. 市场创新

市场创新涉及开拓新的市场或进入新的区域市场，这对于企业的长期发展至关重要。通过进入新市场，企业能够扩大其业务范围、增加收入来源，并降低对单一市场的依赖。例如，许多全球品牌在进入中国市场时，采用了本地化的营销策略和产品调整，以适应中国消费者的独特需求。这种市场创新不仅能帮助企业在新的地域市场上站稳脚跟，还能带来新的商业机会和增长潜力。此外，企业还可以通过开发新的市场细分，满足不同消费群体的需求，从而进一步提升市场份额。市场创新使得企业能够不断适应变化的市场环境，实现可持续发展。

市场创新不仅是进入新的市场，也包括对现有市场营销策略的调整。企业需要根据市场趋势、消费者行为和竞争态势，灵活调整其营销策略。例如，随着数字营销的崛起，企业越来越多地采用社交媒体、搜索引擎优化（SEO）和数据驱动的广告策略，以提升品牌知名度和吸引潜在客户。这种营销策略的创新使得企业能够更精准地触达目标受众，并提高市场营销的效果。同时，市场创新还可能包括调整产品定价、促销手段和销售渠道，以适应市场需求的变化。通过这些策略调整，企业能够在竞争激烈的市场中脱颖而出，从而保持持续增长。

4. 组织创新

组织创新涉及对组织结构或企业管理模式的改进，以提升运营效率和适应市场变化。例如，许多企业采用扁平化管理结构，减少管理层级，以提高决策速度和灵活性。扁平化管理使得信息流动更加顺畅，员工能够更快地反馈问题和提出建议，从而加快问题解决的速度和创新的实施。此外，扁平化管理还能够提高员工的参与感和责任感，增强团队的凝聚力和协作效率。通过这种组织结构的创新，企业能够更好地应对市场变化，提升整体运营效能，并在竞争中保持优势。

除了组织结构的调整，企业管理模式的优化也是组织创新的重要方面。例如，越来越多的企业采用敏捷管理方法，以提高项目管理的灵活性和响应速度。敏捷管理强调迭代开发和持续反馈，能够快速适应市场需求的变化，并在项目实施过程中进行调整。这种管理模式特别适用于快速变化的行业，如科技和互联网领域。再如，企业在全球化背景下引入跨文化管理策略，以更好地协调全球业务的运营。通过这些管理模式的优化，企业能够提升管理效率、增强市场竞争力，并在全球市场中实现可持续发展。

（二）创新经济及其特征

1. 创新经济的类型

"创新经济包括国家创新经济、区域创新经济与城市创新经济，是指由科技创新引起的经济活动，或由科技创新带来的经济增长或发展"。[①]

（1）国家创新经济。国家创新经济是指在国家层面上，由科技创新推动的经济活动及其增长过程，这一概念强调科技创新作为国家经济发展的核心引擎，突出知识、技术、人才和数字资源在经济增长中的关键作用。要形成和发展国家创新经济，必须在科技研发、教育体系、创新政策以及基础设施建设等方面进行持续的投入和优化。

第一，国家创新经济的基础在于科技创新的引领作用。科技创新不仅能促使传统产业的技术升级和改造，还能创造新的经济增长点。例如，通过国家级的科技研发项目和战略性创新计划，一个国家能够在全球科技竞争中占据前沿地位，从而推动经济的高质量增长。国家创新经济的另一重要方面是创新政策的支持。这些政策包括对科技研发的财政资助、对创新企业的税收优惠以及对创新人才的培养和引进。这些措施为创新活动提供了必要的资源和环境，促进了科技成果的转化和应用，从而推动了经济的持续增长。

第二，国家创新经济的发展依赖于知识和技术的积累与应用。国家通过建立科技园区、研发机构和创新平台，有效促进了科技成果的应用和推广。同时，数字经济的兴起也为国家创新经济的发展注入了新的活力。数字技术的普及不仅提高了生产效率，还推动了新商业模式和经济形态的出现，从而加快了经济的转型和升级。因此，国家在数字经济方面的创新，也成为推动整体经济发展的重要因素。

（2）区域创新经济。区域创新经济是指在特定区域范围内，由科技创新推动的经济活动及其增长。区域创新经济的发展受限于区域内的资源配置、产业结构、创新环境以及政策支持等多方面因素。区域创新经济的形成需要依托于创新

[①] 李政. 创新与经济发展：理论研究进展及趋势展望［J］. 经济评论，2022（5）：36.

资源的高效配置和创新能力的提升,这要求区域内在科技研发、人才培养和产业协同方面形成强大的合力。

第一,区域创新经济的发展必须依赖区域内的科技创新资源。通过建立科技园区、研发中心和创新孵化器等设施,区域能够有效地集聚和利用科技资源,促进科技成果的转化与应用。例如,一些经济发达区域通过建设高新技术产业园区,吸引了大量科技企业和创新团队,这种集聚效应推动了区域经济的快速发展。区域创新经济的另一个重要方面是区域产业结构的优化。通过技术创新和产业升级,区域能够逐步转型,从传统产业向高附加值和高技术含量的产业发展,从而提升区域经济的竞争力和发展水平。

第二,区域创新经济的推进还需要有效的创新政策支持,这些政策包括对创新企业的财政资助、对科技项目的支持以及对创新人才的培养等。通过这些政策,区域能够为创新活动提供必要的资源和环境,促进区域经济的转型升级。同时,区域内的创新网络和协同机制也发挥着重要作用。例如,区域内的科技企业、研发机构和高等教育机构之间的合作,能够促进知识和技术的交流与共享,从而加速创新成果的转化和应用。因此,区域创新经济的健康发展需要在创新资源的有效配置和政策支持之间保持良好的平衡。

(3)城市创新经济。城市创新经济是指在城市层面上,由科技创新驱动的经济活动及其增长。作为经济活动的主要载体,城市创新经济的发展对推动城市经济的增长和转型具有重要作用。城市创新经济的形成与发展通常依赖于城市内的创新资源、创新环境和政策支持等多方面因素。

第一,城市创新经济的核心在于城市内的科技创新资源的有效利用。通过建设科技园区、创新孵化器和创业中心等,城市能够高效地集聚和利用科技资源,促进科技成果的转化和应用。例如,一些大城市通过设立创新创业中心,吸引了大量科技企业和创新团队,从而推动了城市经济的快速发展。城市创新经济的发展还需要有效的政策支持。这包括对创新企业的财政资助、对科技项目的支持以及对创新人才的培养等。通过这些政策,城市能够为创新活动提供必要的资源和环境,促进经济的转型升级。

第二,城市内的创新网络和协同机制也是推动城市创新经济发展的关键因素。例如，城市内的科技企业、研发机构和高校之间的合作，可以促进知识和技术的交流与共享，加速创新成果的转化和应用。此外，城市的创新环境，包括良好的基础设施、活跃的创业氛围和支持性政策，也为城市创新经济的发展提供了有力支持。因此，城市在推动创新经济时，需要综合考虑资源配置、政策支持和环境建设等多方面因素，以实现经济的可持续增长和高质量发展。

2. 创新型经济的特征

当一个国家、区域或城市的创新经济发展到一定阶段时，创新成为主要驱动力，知识、技术、人才和数字等要素成为关键生产要素，这时可以称之为创新型经济。创新型经济的特征主要包括高创新水平、强大的创新能力和显著的经济贡献。

（1）高创新水平。创新型经济的一个显著特征是高创新水平，这种高水平的创新表现为国家或地区在科技研发、技术进步和知识积累等方面的卓越成就。在创新型经济中，科技研发能力通常处于世界前沿，这些国家或地区能够通过持续的研发投入和先进的科技设施，推动技术的突破和进步。例如，领先的创新型经济体往往拥有大量的专利和技术成果，这些专利和技术成果不仅涵盖了广泛的技术领域，还反映出其在全球科技竞争中的领先地位。此类经济体中的科研机构和企业在国际科技创新排行榜上名列前茅，推动了行业的技术革命，并带动了相关产业的升级换代。高创新水平还体现在基础研究和应用研究的结合上，国家或地区能够有效地将前沿科技转化为实际应用，推动社会和经济的发展。这种创新水平的提升，不仅能够增强国家的科技实力，还能促进经济的持续增长和国际竞争力的提升。

（2）强大的创新能力。强大的创新能力是创新型经济的另一个重要特征，它包括创新资源的高效配置和创新活动的高效实施。创新型经济体通常拥有一个完善的创新体系，这个体系包括了科技研发机构、创新型企业、高等教育机构和政策支持等多个方面，这些机构之间的有效合作和协同，能够促进知识和技术的交流与共享，从而大幅提升整体的创新能力。具体而言，科技研发机构负责基础和应用研究，创新型企业则将科研成果转化为市场产品，而教育机构则为创新活动培养和输送高水平的科技人才。此外，强大的创新能力还体现在对人才的培养和

第二章

区域经济发展理论与模式

第一节 区域经济及其发展趋势

一、区域经济的认知

(一) 区域经济的内涵界定

"区域经济是指在一定区域范围内开展的各种经济活动的总和，区域经济强调的是产业结构的合理性和空间布局的优化"[1]。这一概念不仅涵盖了区域内部的经济运行机制，还反映了区域之间的经济联系和互动。区域经济的实质是一种特定的经济体系，这一体系由多种地域构成要素和经济发展要素相互交织、多种经济活动相互作用而构成，具有独特的结构与功能。

第一，区域经济的构成要素包括自然条件、人口分布、资源禀赋、交通网络等。这些要素在不同的区域内呈现出明显的差异性，形成了区域经济活动的基础。自然条件的差异，如气候、地形、水文等，直接影响着区域内的农业、工业和服务业的发展。同时，资源禀赋的不同，也决定了区域内经济活动的类型和规模。例如，矿产资源丰富的区域往往会形成以采矿和重工业为主的经济结构，而土地肥沃、水资源丰富的区域则更适合发展农业和相关产业。

第二，区域经济的空间布局优化体现在产业结构的合理配置上。区域经济的发展需要根据区域内外的市场需求、资源分布以及交通条件，合理配置各类产

---

[1] 刘丽娟. 区域经济发展理论与实践研究 [M]. 北京：中国原子能出版社，2020：3.

（四）增强国际竞争力

创新对国家和企业的国际竞争力的增强具有深远影响。通过技术创新和品牌建设，企业能够在全球市场中获得更大的份额，从而提高其全球竞争力。例如，通过研发新产品和新技术，企业能够在国际市场中提供独特的产品和服务，满足不同国家和地区的需求，这种竞争力的提升不仅有助于企业在全球市场中占据有利地位，还能推动国家经济的增长和国际影响力的提升。例如，中国通过技术创新和产业升级，成功地在全球市场中获得了更多的市场份额，并在国际经济中发挥了重要作用。创新还能够提升企业的品牌价值和声誉，使其能够在国际市场中建立强大的品牌形象。这种国际竞争力的提升，不仅有助于企业的发展，还能促进国家经济的整体增长和国际影响力的增强。总的来说，创新能够增强国际竞争力，为国家和企业在全球经济中赢得更多的发展机会和优势。

场需求和投资。总体而言，创新通过提升生产效率，为经济的持续增长和发展提供了坚实的基础。

（二）创造新市场和新需求

创新的另一个重要影响是其在创造新市场和新需求方面的作用。例如，互联网的普及催生了电子商务、社交媒体等新兴市场，这些新兴市场带来了全新的商业模式和就业机会。电子商务的发展不仅改变了传统的零售方式，还带来了新的消费模式，使得企业能够通过线上渠道接触到更广泛的消费者群体。此外，社交媒体平台的兴起为品牌推广和市场营销提供了新的途径，使企业能够更精准地了解和满足消费者的需求，这种市场的扩展不仅促进了企业的发展，还推动了相关产业的发展，如物流和支付服务的快速发展。这种新兴市场的创造形成了经济的新增长点，推动了经济的整体发展。通过不断创新，企业能够不断发掘新的市场机会和需求，从而保持竞争力和盈利能力。总的来说，创新在开辟新市场和新需求方面的作用，为经济的繁荣和发展提供了源源不断的动力。

（三）促进产业结构升级

创新在促进产业结构升级方面发挥了重要作用。通过技术创新和产业升级，经济能够从传统的低附加值和低技术含量的产业向高附加值和高技术含量的产业转型。例如，传统制造业通过引入先进的制造技术和设备，逐渐向高端制造业和服务业转型。这种转型不仅提高了产业的竞争力，还推动了经济的整体质量的提升。高技术含量的产业不仅能够创造更多的高薪职位，还能够提高产业的整体创新能力和生产力。例如，信息技术和生物医药等高技术产业的兴起，推动了整个经济结构的优化和升级。产业结构的优化不仅提升了经济的生产力，还促进了经济的可持续发展。通过不断的技术创新和产业升级，经济能够不断适应变化的市场需求和竞争环境，从而保持长期的增长和稳定。总体而言，创新在产业结构升级中的作用，体现了经济发展的动态性和长期性特征，为经济的可持续发展提供了重要保障。

引进上。创新型经济体能够吸引全球顶尖的科技人才,并提供良好的工作环境和资源支持,使他们能够在创新活动中发挥最大潜力。整体而言,这种高效的创新体系和人才网络能够持续推动创新进程,提升国家或地区的科技实力和经济竞争力。

(3)显著的经济贡献。在创新型经济中,创新对经济发展的显著贡献体现在多个方面。首先,创新能够推动传统产业的技术升级,使其更加高效,进而提高市场竞争力。例如,通过引入新技术和改进生产流程,传统制造业能够提升生产效率,降低生产成本,从而提高市场竞争力。其次,创新还能够创造新的经济增长点和产业形态。这种转变不仅带来了新的市场机会,还推动了经济结构的优化和升级。例如,互联网技术的普及催生了电子商务、社交媒体等新兴行业,这些行业成为新的经济增长点。最后,创新型经济还能够实现经济的高质量发展和可持续增长,通过技术创新和产业升级,提升整体的竞争力和促进发展水平。这种经济模式不仅能够增强国家或地区在全球经济中的地位,还能提升其国际影响力,促进全球经济的繁荣和发展。因此,创新在经济发展中扮演着不可或缺的角色,推动着经济的持续进步和全球竞争力的提升。

二、创新对经济发展的影响

(一)提升生产效率

创新在提升生产效率方面的作用不可忽视。通过引入新技术和改进生产流程,生产效率得到了显著提升。例如,自动化技术的应用不仅减少了人工干预,还通过提高生产线的运行速度和精确度,显著降低了生产成本。同时,信息化技术的融合,使生产过程中的数据管理和监控变得更加高效,从而提升了生产过程的透明度和可靠性。这些技术进步不仅优化了资源的配置和使用,还提高了产品的质量,减少了生产中的浪费。生产效率的提升不仅使企业能够降低成本、增加利润,还推动了整个行业的技术进步。例如,汽车制造业通过引入智能制造和机器人技术,不仅提升了生产效率,还推动了汽车技术的创新。这种效率的提升进一步推动了经济的增长,因为它使得企业能够在竞争中获得优势,从而刺激了市业，使之形成互补、协同发展的格局。例如，东部沿海地区由于交通便利、市场广阔，适宜发展出口导向型产业；而中西部地区则可以利用其资源优势，发展资源型和劳动密集型产业。这种产业结构的合理配置不仅有助于区域经济的快速发展，也有利于缩小区域间的经济差距，实现共同繁荣。

值得注意的是，区域经济与行政区域是两个既相互关联又有所区别的概念。行政区域是国家为了实施分级管理而人为划分的区域，具有特定的行政管辖范围、行政区域级别以及行政区域中心等多重职能，是一个与政治、经济、社会紧密相连的综合体。行政区域的划分在一定程度上影响了区域经济的发展，因为行政区域内的政策、法规、公共服务等直接作用于区域内的经济活动。然而，行政区域与经济区域的边界并不完全重合，经济区域往往跨越多个行政区域，如京津冀地区，它不仅涵盖了北京市、天津市和河北省，还涉及周边的一些地区。因此，区域经济的发展需要超越行政区域的限制，实现跨区域的经济协调与合作。

（二）经济区域的构成要素

经济区域是指在一定空间范围内，由于资源禀赋、经济活动、政策环境等因素的作用，形成的具有相对独立性的经济体系。与其他类型的区域相比，经济区域具有其独特的构成要素，包括经济中心、经济腹地和经济网络。这三大要素相互依存、相互作用，共同构成了经济区域的基本框架。

1. 经济中心

经济中心是经济区域的核心组成部分，是区域经济活动的集中点和动力源。经济中心通常表现为一个或多个城市，这些城市通过集聚资源、吸引投资、提供就业机会等方式，推动区域经济的发展。经济中心的形成和发展是市场经济条件下资源和人口集聚效应的结果。城市作为经济中心，不仅是生产和消费的主要场所，还扮演着技术创新、文化交流和政策引导的重要角色。

在不同的经济区域，经济中心的层次和规模有所不同。大都市圈、大城市、次级城市和小城镇构成了多层次、多等级的经济中心体系。大都市圈如纽约、伦敦、东京等，是全球经济的枢纽，具有极强的经济吸引力和辐射力。次级城市和小城镇则在区域经济中扮演着支持和配合作用，形成了经济中心的有机网络。需要注意的是，经济中心并不一定是地理上的中心，而是经济活动的集中地和决策中心。

2. 经济腹地

经济腹地是指经济中心的影响和辐射范围，是经济区域的基础部分。经济腹地内的资源、人口和经济活动直接或间接地受到经济中心的带动和辐射。经济腹地不仅提供了经济中心所需的原材料和劳动力，还通过市场需求和消费能力，反过来促进经济中心的发展。

经济腹地的范围和经济中心的辐射力密切相关。一般来说，经济中心的经济规模越大，其腹地的范围越广。在经济腹地内，交通网络、信息网络和产业链的衔接程度直接影响着经济区域的整合和协同发展。有效的经济腹地可以确保资源的高效配置、市场的快速反应以及区域内经济活动的协调运作，从而为经济中心的持续发展提供坚实的基础。

3. 经济网络

经济网络是经济区域内各类经济活动和关系的纽带，是经济区域实现整体协同发展的关键要素。经济网络不仅包括物质资源和信息的流通渠道，如交通运输网、通信网和物流网，还涵盖了各类经济主体之间的联系和互动，如企业合作、市场交易、技术转移等。

在现代经济区域中，经济网络的复杂性和多样性日益显著。一方面，交通运输和通信技术的发展，使得经济网络的空间范围不断扩大，区域间的经济联系更加紧密；另一方面，产业链的纵向延伸和横向扩展，使得经济网络的内部结构更加复杂，各类经济活动的协调性和依存性显著增强。

经济网络不仅是经济活动的载体，也是经济区域内资源配置和市场调节的重要手段。通过高效的经济网络，可以实现区域内外资源的最优配置，促进产业的合理布局和协同发展，提升区域的整体竞争力。此外，经济网络的建设和完善，还能够推动区域内的技术创新和知识扩散，促进经济区域的持续发展和进步。

（三）区域经济的特征分析

区域经济是国民经济整体的一部分，通过区域间的分工和协作，形成了各具特色的经济体系。区域经济在宏观经济与微观经济之间，起到了承上启下的作用，具有以下五大鲜明特征：

第一，中观性。区域经济作为中间性经济，既不同于宏观经济，也区别于微观经济。它既要遵循国家的宏观经济政策，又要考虑企业的微观经济行为。区域经济在这一点上表现出显著的中观性特征，起到了连接宏观与微观的桥梁作用。区域经济的中观性还体现在其政策执行上，即需要在国家整体战略框架下，制定符合区域实际情况的经济政策。

第二，区域性。区域性是区域经济最基本、最显著的特征。每个区域都有其独特的自然条件、社会经济条件，这些条件决定了区域经济的基本面貌和发展方向。例如，沿海地区由于其优越的地理位置，通常具备发展外向型经济的优势；而内陆地区可能更依赖于资源型经济的发展。因此，不同区域的经济发展模式和路径各不相同，形成了丰富多样的区域经济景观。

第三，差异性。区域间的差异性是区域经济发展的重要特征和驱动力。各区域在地理位置、资源禀赋、产业结构、社会文化等方面存在显著差异。这些差异不仅影响了各区域的经济发展水平和速度，也决定了区域经济的优势和劣势。例如，资源丰富的区域可能在初期发展中表现出色，但若不能进行产业升级，其经济增长可能会遇到瓶颈；而资源相对匮乏的区域，若能依托科技创新和人才优势，则可能实现弯道超车。

第四，开放性。开放性是区域经济发展的关键动力之一。区域经济不仅需要内部协调，还需要积极开展区域间的经济交流与合作。区域经济的开放性体现在两个方面：一是对外开放，即加强与其他区域和国家的经济联系，吸引外资、引进技术、扩大市场；二是对内开放，即促进区域内各经济主体的互动和协作，优化资源配置，提高经济效率。通过开放性发展，区域经济能够不断提升自身的竞争力，实现更高层次的发展。

第五，独立性。区域经济虽然是国民经济整体的一部分，但它在运行中表现出一定的独立性。每个区域都有其特定的发展战略和目标，既要服务于国家整体战略，又要根据自身实际情况，制定符合本区域特点的发展路径。区域经济的独立性还体现在其组织能力上，即能够根据外部环境的变化，灵活调整自身的发展策略，保持经济发展的稳定性和持续性。

二、区域经济的发展趋势

区域经济作为国民经济的重要组成部分，其发展态势不仅关乎地方福祉，也是国家整体经济实力与竞争力的重要体现。以下从全球化背景、技术创新、产业结构调整、政策环境以及可持续发展等方面，深入探讨区域经济的发展趋势。

第一，全球化背景下的区域经济发展。在全球化日益加深的今天，区域经济已不再是孤立的存在，而是全球价值链中的重要环节。国际贸易与投资自由化的推进，使资本、技术、信息等生产要素实现跨国界流动，为区域经济带来了前所未有的发展机遇与挑战。一方面，区域经济可以通过融入全球产业链，吸引外资，引进先进技术和管理经验，加速本地产业升级和经济增长；另一方面，全球经济波动、贸易摩擦、汇率变动等外部因素也可能对区域经济造成冲击，增加其不确定性。因此，如何在全球化背景下，既充分利用外部资源，又有效抵御外部风险，成为区域经济发展策略的关键。

第二，技术创新对区域经济的驱动力。技术创新是推动区域经济发展的核心动力。在知识经济时代，拥有自主知识产权和核心技术的区域，往往能在全球竞争中占据先机。技术创新不仅能够提升生产效率，促进产业升级，还能催生新的经济增长点，如数字经济、绿色经济等新兴领域。区域政府应加大对科研创新的投入，优化创新生态，鼓励企业、高校、科研机构之间的产学研合作，形成创新合力。同时，注重人才培养和引进，为技术创新提供坚实的人才支撑，是区域经济持续健康发展的必由之路。

第三，产业结构调整与优化升级。面对国内外经济环境的变化，区域经济的产业结构调整成为必然趋势。传统的高耗能、低附加值产业逐渐向低碳、环保、高附加值产业转型，是提升区域经济竞争力的关键。这要求区域在发展规划中，注重产业的多元化与高端化，鼓励发展先进制造业、现代服务业、战略性新兴产业，同时，利用数字技术改造传统产业，提升其智能化、绿色化水平。此外，促进产业链上下游的协同发展，构建具有区域特色的产业集群，也是增强区域经济韧性和竞争力的重要策略。

第四，政策环境对区域经济发展的影响。政策环境是区域经济发展的重要外部条件。政府的战略规划、政策导向、法律法规等，对区域经济的发展方向、速度和质量具有深刻影响。一方面，政府应通过制订科学合理的区域发展规划，明确发展目标和路径，引导资源有效配置；另一方面，优化营商环境，简化行政审批，减轻企业负担，激发市场活力和社会创造力。同时，加大对基础设施建设的投资力度，改善区域交通、通信、能源等基础设施条件，为经济发展提供坚实的物质基础。在政策制定过程中，还应注重公平与效率的平衡，确保经济发展成果惠及更广泛民众，促进社会和谐。

第五，可持续发展视角下的区域经济。在追求经济增长的同时，区域经济发展不可忽视环境保护和社会责任。可持续发展理念要求区域经济在发展过程中，既要满足当代人的需求，又不损害后代人满足其需求的能力。这意味着，区域经济需在经济增长、社会包容性和环境保护三者之间找到平衡点。推动绿色低碳发展，发展循环经济，加强生态环境治理，是实现这一目标的具体路径。同时，注重提升民众生活质量，缩小贫富差距，促进社会公平正义，也是区域经济可持续发展的内在要求。

综上所述，区域经济的发展趋势是一个复杂而多元的动态过程，受全球化、技术创新、产业结构调整、政策环境及可持续发展等多重因素影响。面对未来，区域经济需不断创新发展思路，强化内外联动，优化产业结构，营造良好政策环境，并坚持可持续发展理念，方能在新时代背景下，实现更高质量、更有效率、更公平、更可持续的发展。

第二节 区域经济发展的相关理论

一、区域经济增长理论

（一）区域输出基础理论

自道格拉斯·诺斯于 1955 年在论文《区位理论与区域经济增长》中提出并

批评了既有区位与增长理论后，区域输出基础理论逐渐成为理解区域经济动态的关键视角。该理论深刻揭示了区域经济增长的内在机制，其核心思想在于将区域经济划分为输出基础部门与非基础部门，前者聚焦于满足区域外部需求的产业活动，后者则关注区域内需求导向的产业活动。这一划分不仅是对传统经济分析框架的革新，更是对区域经济增长动力源头的精准定位。

首先，输出基础理论的特点体现在其理论根基的稳固性上，它巧妙地将凯恩斯的收入理论引入开放的区域经济与长期分析框架之中，使输出成为驱动区域经济增长的核心外生变量。在这一过程中，消费、国内投资及政府支出等传统经济要素被相对边缘化，凸显了区域外部需求扩张对经济增长的决定性影响。其次，该理论在简化全球经济结构方面展现出独特的视角，将全球经济简化为"区域"与"世界其他地区"两大板块，淡化了出口需求具体来源的复杂性，强调了出口增长对区域经济的普遍促进作用。这种简化的处理方式，虽在一定程度上牺牲了分析的精细度，但为理解区域经济增长的大趋势提供了有力工具。最后，输出基础理论在区域增长分析中强调了需求变化的中心地位，认为区域经济的增长不能孤立于全球经济体系之外。它提醒我们，一个区域的繁荣与否，不仅取决于其内部资源的配置效率，更在于其如何融入并适应全球经济的需求结构变化。这一观点对于指导区域政策制定、促进区域经济协调发展具有重要意义。

（二）新时代区域经济增长理论

1956年，美国经济学家索洛发表了论文《对经济增长理论的一个贡献》，成为经济增长研究历史上的一个里程碑。索洛成功地将新古典经济理论和凯恩斯经济理论结合在一起。对新古典模型做出贡献的还有英国经济学家拉姆齐和澳大利亚经济学家斯旺。

由于索洛模型是新古典经济增长模型的最重要代表，我们常常把索洛模型与新古典模型作为同义词使用。新古典模型被广泛应用于各国区域经济增长分析中，一些学者还试图将空间因素引入新古典增长模型。例如，理查森把区域空间结构的变动对区域增长的影响引入新古典增长理论的标准增长方程式，提出了一个融合空间维的区域增长模型。

（三）凯恩斯区域乘数理论

乘数效应既是一种宏观的经济效应，也是一种宏观经济控制手段，是指经济活动中某一变量的增减所引起的经济总量变化的连锁反应程度。在区域经济发展中，它的概念是指通过产业关联和区域关联对周围地区起到示范、组织、带动作用，通过循环和因果积累，使这种作用不断强化放大、不断扩大影响。凯恩斯区域乘数由标准凯恩斯国民收入—支出乘数模型改造而来。

区域经济在某种程度上与国民经济不同，有自己独特的性质，导致凯恩斯区域乘数也在一定程度上与标准凯恩斯国民经济乘数有所不同。

二、区域经济发展理论

区域经济发展是指在经济增长的基础上，一个国家经济结构、社会结构不断优化和高度化的演进过程。"发展"一词源于英文"Development"，它具有多重含义，既可以表示经济的增长、人们的富裕，又可以表示人类的美好、进步和文明，还可以表示政治、经济和社会结构的演进。

（一）区域经济非均衡增长理论

区域经济发展理论作为经济学领域的重要分支，其核心在于揭示区域内部经济活动的空间分布、动态演变及其与整体经济结构的互动关系。在探讨区域经济非均衡增长理论时，我们不仅需关注增长极的形成与极化效应，还需深入理解循环累积因果机制如何塑造区域经济的空间格局。

1."极化—涓滴效应"理论

"极化—涓滴效应"理论为理解区域经济非均衡发展的内在逻辑提供了有力工具。赫希曼的论述强调了增长极在区域经济发展中所起到的引擎作用，其通过吸引周边资源形成极化效应，加速自身发展的同时，也可能加剧区域间的不平衡。然而，涓滴效应的存在则预示着一种潜在的平衡机制，即通过市场力量或政策干预，使发达区域的繁荣最终惠及欠发达地区，促进区域经济的整体协调发展。

2. 循环累积因果论

循环累积因果论深化了我们对区域经济动态变化的认识。缪尔达尔的理论挑战了新古典主义关于市场自动均衡的假设，揭示了经济发展过程中存在的复杂反馈机制。回流效应强化了区域间的经济差距，而扩散效应则预示着经济扩张的溢出效应，为欠发达地区提供了发展契机。这两种效应并存且相互竞争，共同塑造着区域经济的空间结构和发展轨迹。

（二）区域可持续发展理论

区域可持续发展理论，作为现代区域发展研究的核心议题，深刻揭示了经济发展与生态环境保护的内在统一关系。该理论不仅是对传统经济发展模式的反思与超越，更是对区域未来发展路径的深刻洞察与规划。其核心在于构建一个既满足当代发展需求，又不损害后代满足其需求能力的综合发展体系。这一过程，要求区域在追求经济增长的同时，必须深刻认识到自然环境与资源利用的极限，力求在经济发展、社会进步与生态保护之间找到最佳平衡点。

区域可持续发展理论的系统性特征尤为显著，它不是一个孤立的概念，而是由人口、资源、环境、经济和社会五大子系统相互交织、相互影响的复杂网络构成。在这一系统中，各子系统既是独立发展的单元，又是整体和谐共生的基石。人口系统的优化，即通过提升人口素质、控制合理规模，为区域发展提供高质量的人力资源支撑；资源系统的合理开发与高效利用，则是确保经济持续增长的基础；环境系统的保护与恢复，则直接关系到区域发展的可持续性与生态安全；经济系统的健康运行，则是推动区域整体发展的核心动力；而社会系统的完善，则通过制度创新、文化引导等手段，为区域可持续发展提供强大的社会支撑与保障。

三、区域经济分异理论

要正确认识区域发展差异，并发挥不同区域的优势与特色，以促进区域经济协调发展，首先必须分析区域经济赖以存在的客观基础，以及区域经济差异产生的原因。

（一）区域经济分异的客观基础

区域经济分异的客观基础根植于生产要素的不完全流动性、经济活动的不完全可分性，以及商品和劳务在市场上的不完全流动性，这些因素均为区域经济差异产生的深层次原因。

第一，生产要素的不完全流动性是区域经济分异的根本原因之一。自然环境的空间异质性，包括气候、矿藏、土壤、地形等自然资源和条件的分布不均，导致了某些经济活动的地理集中。例如，矿产资源丰富的地区吸引了采矿业的集中，而农业则常常集中在肥沃的土壤区域。这种自然资源的空间不均匀分布，使得经济活动在不同区域产生不同的特征。此外，即使是可以流动的生产要素，如劳动力和资金，也受到诸多限制。例如，户籍制度和其他行政管理措施对劳动力的流动构成了制约，导致了某些区域劳动力市场的紧张或过剩。主体利益的不同也使得资金和劳动力流动不完全自由，利益动机驱使资本流向回报高的区域，而非均衡分布。历史文化因素也使得人们在迁移时面临传统习俗和社会观念的阻碍。这些因素共同作用，使得经济活动在空间上出现明显的分异。

第二，经济活动的不完全可分性进一步加剧了区域经济的分异。产业的规模经济和集聚经济是影响经济活动空间分布的重要因素。规模经济通过内部规模经济和外部规模经济的形式表现出来。内部规模经济指的是生产规模的扩大带来的成本降低，而外部规模经济则涉及企业和产业的空间集聚效应。在城市或特定区域内，企业的集聚可以降低生产成本，提高经济效率，这种效应进一步促进了生产要素和企业的集中。因此，以城市为中心的区域经济模式成为规模经济和集聚经济的自然结果。这种经济活动的不完全可分性导致了产业和资源在特定区域内的高度集中，形成了明显的区域经济差异。

第三，商品和劳务的不完全流动性也是区域经济分异的重要原因。距离成本，或称空间成本，限制了商品和服务的流动。产品和劳务的流动不可避免地需要支付运输费用、时间成本、信息成本和心理成本等，这些成本限制了市场的扩展范围。例如，企业在选择生产地时必须考虑原料供应地与市场之间的距离，以减少运输费用和时间成本。消费者在购物时也会受到距离的影响，他们会更倾向于选择就近的商店或服务。这些距离成本使得经济活动无法完全突破空间限制，限制了自然资源优势和空间集聚经济的发挥，因此使得区域经济存在显著差异。

（二）经济活动的区位差异分析

经济活动的区位差异分析是区域经济学的重要研究内容之一，主要研究不同地理位置对经济活动的影响及其所带来的经济利益差异。区位是指某一主体或事物所占据的场所，具体可标识为一定的空间坐标。区位本身并无优劣之分，但在一定的经济系统中，由于社会经济活动的相互依存性、资源空间布局的非均匀性和分工与交易的地域性等特征，各区位对经济活动在市场、成本、资源、技术等方面的约束不同，从而产生不同的经济利益。因此，在区域经济学中，区位更多地强调经济利益差别。以下将从经济区位、区位单位和区位因素三个方面探讨经济活动的区位差异。

1. 经济区位

经济区位是指某一经济体为其进行社会经济活动所占有的场所（经济活动的地区或地点）。不同类型的经济活动有不同的经济区位。例如，工业生产所占有的场所即为工业区位，而居住活动所占据的场所则为居住区位，各城市经济活动所占据的场所则称为城市区位。经济区位对经济活动的效果有深刻影响，因而经济区位有优劣之分。

经济区位的优劣主要体现在资源、市场和成本等方面。资源丰富、交通便利、市场广阔的区位通常被认为是优越的经济区位。例如，沿海地区由于靠近海洋，具有良好的港口条件和便利的海运交通，因而成为工业和贸易的优越区位。而内陆偏远地区由于交通不便、市场狭小、资源匮乏，经济区位相对较差。因此，经济区位的选择直接影响到企业的成本、收益和市场竞争力。

2. 区位单位

区位单位是指布局于某一区位上的某一社会经济统一体内的各个组成部分。它是经济区位的布局主体。根据研究的层次不同，区位单位的具体内涵也不相同。例如，在研究区域产业布局时，某一工业行业整体即可视为一个区位单位；而在更微观的研究层次上，区位单位则可能是指一个工厂、学校、百货公司等。

区位单位在不同的区位上有不同的布局和发展模式。例如,在城市区位中,商业区和住宅区的区位单位有明显的差异。商业区通常位于城市中心地带,交通便利、人口密集,商业活动频繁;而住宅区则多位于城市外围,环境相对安静,适宜居住。不同区位单位的布局和发展模式决定了经济活动的效率和效益。

3. 区位因素

区位因素是指区位单位进行空间配置的外部约束因素。在不同的区位上,人口与资源分布、市场供求状况等不同,从而其区位利益就具有很大差异,区位单位的布局状况也就不同。一个区位的相对优劣,主要取决于以下四类区位因素。

(1) 自然因子:包括自然条件和自然资源。自然条件如气候、地形、土壤等,对农业生产影响较大;自然资源如矿产、森林、水资源等,对工业生产影响显著。

(2) 运输因子:包括交通运输条件和成本。交通便利的地区运输成本低,有利于原材料和产品的流通,提高生产和销售效率。

(3) 劳动力因子:包括劳动力的数量和质量。劳动力丰富、素质较高的地区有利于企业招聘和培养员工,降低人力成本,提高生产效率。

(4) 市场因子:包括市场的规模、结构和需求状况。市场广阔、需求旺盛的地区有利于企业扩大销售,增加利润。

第三节 区域经济发展的区位条件与战略

一、区域经济发展的区位条件

(一) 经济地域综合体

经济地域综合体[①]是区域经济地理学的研究对象。地域经济综合体的概念是

[①] 经济地域综合体是指在一定的区域范围内各经济部门相互依存、相互制约,按一定的比例协调发展的有机体,它是以城市为核心,以农业为基础,以工业为主导,以交通运输及商品流通为脉络的不同层次各具特色的地域经济单元。

由"生产综合体"逐步演变而来的。常见的有生产地域综合体、地域生产综合体、地域综合体、地区综合体、经济地域综合体、社会经济地域综合体等。

1. 经济地域综合体的特征

经济地域综合体作为一种高水平组织的区域经济空间实体，其内涵涵盖了多个层面的复杂结构和功能系统。其特征不仅体现了区域经济发展的动能，也反映了地域资源利用的科学性和社会服务的全面性。以下将深入探讨经济地域综合体的核心特征，揭示其在区域经济组织中的独特地位和作用。

(1) 专业化生产部门及其综合发展部门。经济地域综合体的主体由专业化生产部门及其相关的综合发展部门构成。这些部门的主要任务是为了满足区域外部需求而提供重要产品，进行跨区域产品交换，并服务于国家或大经济区的经济发展需求。这种专业化的设置使得经济地域综合体能够有效地体现出地域分工的优势。专业化生产部门通常集中在特定行业或领域，通过专业化的分工和协作，形成具有高效率和竞争力的生产链条。与此同时，综合发展部门则负责配合专业化部门的发展需求，推动区域经济的整体提升和协作优化。

(2) 基于自然资源的专业化生产布局。经济地域综合体的专业化生产部门建立在区域自然资源优势的基础之上。其分布往往遵循自然资源的地理分布规律，而不是行政区划的界限。这种布局方式有助于最大限度地发挥自然资源的优势，实现资源的综合利用。具体而言，经济地域综合体通过在资源丰富的地区建立完整的生产体系，从资源的开发到原材料的生产，再到中间产品和最终产品的制造，形成一条完整的生产链条。这种生产体系的形成不仅提高了资源的使用效率，也促进了区域经济的协调发展。

(3) 完善的基础设施和社会服务系统。经济地域综合体不仅需要形成完整的生产体系，还必须发展完善的基础设施和社会服务系统。这包括交通、通信、动力、给排水等基础设施，以及教育、医疗、文化、住宅等社会发展部门。基础设施的完善能够支撑区域经济的高效运转，保障生产和生活的基本需求。而社会服务系统则确保了区域内居民的生活质量和社会发展需求的满足。这种经济与社会的协调发展是经济地域综合体的一个重要特征，也是其能够长期稳定发展的基础。

（4）科学规划与有计划建设。经济地域综合体的建设是在科学规划指导下进行的，涉及专业化部门的选择、综合发展部门的建设、社会发展部门的规划、建设地域的选择和范围的划定，以及建设步骤的设计等多个方面。所有这些过程都是按照计划进行的，并且基于全国或大经济区的经济社会发展整体要求。科学规划的实施不仅确保了经济地域综合体的高效建设和运营，还能够促进区域经济的稳定和可持续发展。这种有计划的建设方式使得经济地域综合体能够在复杂的经济环境中保持竞争力，并有效应对各种挑战。

2. 经济地域综合体的分类

经济地域综合体的分类是理解区域经济发展及其空间分布的重要方法。通过对经济地域综合体的不同分类标准进行探讨，可以更深入地了解其构成及功能特点，从而为区域经济规划和政策制定提供理论依据。以下将从不同的分类标准出发，详细阐述经济地域综合体的主要类型及其特征。

（1）根据经济结构特征分类。根据经济结构特征，经济地域综合体可分为原料型、加工型和综合型经济地域综合体。这一分类主要依据经济活动中各类资源的利用方式以及最终产品的生产模式进行划分。

第一，原料型经济地域综合体：主要集中在自然资源的开采和初步加工阶段。此类经济综合体的核心在于资源的提取和初加工，如矿产资源的开采区或森林资源的伐木区。这些区域的经济活动主要依赖于自然资源的开采和初步加工，通常伴随着较高的资源消耗和较大的环境影响。

第二，加工型经济地域综合体：以资源的深加工为主，强调原料的转化和产品的制造。此类综合体多见于工业区或加工园区，如纺织工业区或机械制造区。加工型经济综合体的特点是对原材料的深加工能力强，生产的产品种类繁多，附加值较高。

第三，综合型经济地域综合体：融合了原料开采与深加工两方面的功能，形成了一种多元化的经济活动模式。此类综合体可能包含矿业、加工制造业及相关服务业，如能源综合开发区或重工业基地，体现了经济活动的多样性和复杂性。

（2）根据形成因素分类。按照经济地域综合体形成的主要因素进行分类，可分为矿物—原料型、燃料—动力型、农业原料型、劳动力资源型和消费品型经济地域综合体。

第一，矿物—原料型经济地域综合体：主要以矿产资源为基础，通过开采、初加工等活动形成，这类综合体往往位于矿产资源丰富的地区，如煤矿区或铁矿区，其经济活动以资源的开采和原料的提供为主，形成了区域内特有的经济结构和产业链条。

第二，燃料—动力型经济地域综合体：集中在能源的生产和供应上，主要涉及石油、天然气、电力等能源资源的开发和利用。这类经济综合体通常包括能源生产基地、发电厂和能源运输系统，如石油开采区或电力生产区，其核心在于能源的生产、处理和供应。

第三，农业原料型经济地域综合体：以农业资源的生产和加工为主，涉及农产品的种植、收获及加工。此类经济综合体常见于农业大区或农产品加工区，如粮食生产区或水果加工区，侧重于农业资源的开发和利用。

第四，劳动力资源型经济地域综合体：主要依赖于丰富的劳动力资源，其经济活动集中在劳动密集型产业上。这类综合体通常位于劳动成本较低的地区，重点发展劳动密集型行业，如纺织业或轻工业，体现了对劳动力资源的有效利用。

第五，消费品型经济地域综合体：以满足区域内或外部市场对消费品的需求为核心，其经济活动包括消费品的生产、流通和销售。这类综合体多见于消费市场较大的地区，如商业中心或消费品生产区，侧重于市场需求的满足和产品供应链的优化。

（3）根据经济开发水平分类。按照经济开发水平进行分类，可将经济地域综合体分为新开发区形成的综合体和已开发地区的改建、扩建型综合体。

第一，新开发区形成的经济地域综合体：通常是在新的开发区内，由新兴企业联合形成。这类综合体通常集中在未开发或初步开发的区域，如经济技术开发区或高新技术园区。新开发区的经济综合体往往具有较高的创新性和发展潜力，吸引了大量的投资和新兴产业的落户。

第二，已开发地区的改建、扩建型经济地域综合体：是在已有经济基础上，通过改建、扩建或新建企业来形成，这类综合体多见于经济发达区域或传统工业区，通过升级改造、产业转型等方式优化经济结构，提升经济效益和区域竞争力。

（4）根据劳动地域分工作用分类。按照劳动地域分工中的作用，可将经济地域综合体分为主要供出口的产品生产部门、具有全国意义的部门、具有区际意义的部门和具有地区意义的部门。

第一，主要供出口的产品生产部门：是指那些主要以出口为导向的经济区域，如出口加工区或自由贸易区，这些综合体专注于生产满足国际市场需求的产品，通过国际贸易带动区域经济发展。

第二，具有全国意义的部门：是指其产品供全国各地消费，并且部分产品出口的经济区域。例如大型制造业基地或物流中心，其生产的产品在全国范围内广泛分布，具有重要的国家经济地位。

第三，具有区际意义的部门：是指其产品供许多地区消费的经济区域，如区域性市场或分销中心，这些综合体的产品流通范围涵盖多个地区，对区域经济合作和资源配置起到桥梁作用。

第四，具有地区意义的部门：是指其产品主要供给区域内各小区消费，如地方性服务业或区域性农业合作社。这类经济综合体主要服务于本地市场，对区域经济的稳定和发展具有直接影响。

（5）根据地域范围分类。根据地域范围的不同，经济地域综合体可分为大范围的、中等范围的和小范围的经济地域综合体。

第一，大范围的经济地域综合体：涵盖广泛的地理区域，如跨省或跨国的经济区域，如长三角经济区或欧洲共同体。这些综合体通常具有较大的经济规模和广泛的经济联系，涉及的产业和经济活动较为复杂。

第二，中等范围的经济地域综合体：包括省级或区域级的经济体，如省级经济区或城市群。这类综合体在地理范围和经济规模上处于中等水平，通常具有较强的区域影响力和较高的经济发展水平。

第三，小范围的经济地域综合体：主要集中在特定的城市或县域内，如城市工业区或县域经济区。此类综合体的经济活动范围较小，侧重地方经济的发展和区域资源的优化利用。

3. 经济地域综合体的结构

经济地域综合体是一个复杂的经济（社会）系统，其内部由多种要素构成，并通过特定的方式进行组合和运作。这些要素和组合方式共同决定了经济地域综合体的结构和功能，以下从要素构成与组合方式、专业化与综合发展、空间结构三个方面展开论述。

（1）经济地域综合体的要素构成与组合方式。根据功能的差异，经济地域综合体的要素可分为经营性要素、关联性要素、依附性要素和基础性要素。这些要素之间通过不同的组合方式形成有机整体。首先，经营性要素是经济地域综合体的核心，主要由主导专业化部门组成。这些部门在区域经济中占据主导地位，主要向区域外提供产品或服务。其次，关联性要素与专业化部门有直接的投入或产出联系，它们通过与主导专业化部门的紧密合作，形成一个相互依存的经济网络。再次，依附性要素则利用专业化部门的废料作为原料进行生产，这些部门在经济地域综合体中起到资源循环利用的作用。最后，基础性要素包括生产性基础设施、社会性基础设施和结构性设施（如国家机构、教育机构、科技机构等），这些要素为整个经济地域综合体的运作提供支持和保障。

经济地域综合体的要素组合方式主要有两种：一是根据生产循环实施组合，即经营性、关联性和依附性要素按照某一资源或产品的生产工艺技术流程，以专业化生产经营为核心相互结合，形成资源开采、原材料生产、加工、制造一体化的生产循环体系；二是为满足生产和生活服务需求实施组合，通过发展基础设施来保障生产循环的顺利进行和社会进步。

（2）专业化与综合发展。专业化与综合发展是经济地域综合体结构形成的基本原则。在经济地域综合体的部门组合中，专业化部门是指主要向区域外提供产品的部门。根据其对区域经济发展的贡献和产业关联性的强弱，可进一步划分为主导专业化部门和一般专业化部门。主导专业化部门对区域经济发展具有重要影响，产业关联性强，代表区域经济发展方向与水平；而一般专业化部门虽然产品主要输往区外，但在区内的产业关联性较小，对区域经济发展的影响有限。

综合发展的部门则是与专业化部门有着前向或后向联系的关联性部门，这些部门为专业化部门提供配套服务或产品，以及为专业化部门正常运行提供支持。

综合发展不仅保障和支持专业化部门的发展，还能够充分利用区域内未被纳入专业化生产的资源，并满足区域内生产和生活的多方面需求。

专业化部门的选择依据主要有以下方面：一是资源优势，包括自然资源、技术资源和人力资源；二是市场需求，即产品具有广阔的市场前景；三是产业基础，即该部门在区域内已有一定的产业基础。判断一个部门的专业化水平可以通过区位商和专业化指数来进行。区位商是某部门在区域内的就业人数或产值占区域总就业人数或总产值的比重与全国该部门的同类比重之比。专业化指数是某工业部门的产值占全国的比重与区域工业总产值占全国的比重之比。区位商或专业化指数越大，说明该部门的专业化程度越高。

在专业化部门中，再选出主导专业化部门的标准包括：对区域经济增长的贡献最大，产业关联性强，需求收入弹性高，技术上处于兴旺阶段。专业化部门选定后，要根据其在产品生产中对资源和原材料供给、产品利用、技术服务、生产设备供给、废料利用等方面的需求，选择和发展综合发展的部门，从而形成内部分工协作、结构有序的生产体系。

（3）经济地域综合体的空间结构。经济地域综合体的空间结构主要是根据专业化部门与综合发展部门的关系，结合区域的资源分布、人口分布和城镇分布等因素，合理布局相关企业，形成企业成组布局的方式。这种布局方式强调企业间的内在联系和集中设置，以实现资源的最优配置和区域经济的协调发展。

综上所述，经济地域综合体的结构是一个多层次、多要素的复杂系统，通过合理的要素构成与组合方式、专业化与综合发展的协调推进以及科学的空间结构布局，实现区域经济的高效运行和可持续发展。这一结构不仅有助于发挥区域资源优势，促进区域经济的快速发展，还能通过内部分工协作，提升区域整体竞争力。

（二）产业集群与区域发展

产业集群作为一种重要的经济现象，其内涵远超过单一产业或企业的范畴。它是指在特定地域内，相互关联、相互依赖的一群企业和相关机构通过紧密合作与竞争的方式而形成的经济网络。产业集群的形成及发展涉及销售途径、制造商、消费者、政府机构以及各种民间组织等多个方面。本文将探讨产业集群的定义、构成要素、发展驱动因素及其对区域经济的影响，并分析如何通过优化自然资源与交通条件、延伸产业链等手段，促进产业集群的有效发展。

1. 产业集群的定义与特征

产业集群不仅是企业的简单聚集，还是各类企业、机构以及相关组织在地域上的集合体。它包括制造企业、服务提供商、研发机构、教育和培训机构、政府部门、行业协会等。产业集群的特点主要体现在以下方面。

（1）区域集中性：产业集群通常集中在特定的地理区域，这种集中性有助于资源的优化配置、信息的高效流通以及技术的迅速扩散。

（2）合作与竞争并存：集群内的企业之间既存在合作关系，如共享供应链、技术交流，也存在激烈的市场竞争，这种双重关系能够激发创新和提高生产效率。

（3）资源共享与联动效应：集群内的企业能够共享区域内的资源，如原材料、技术、人才等，同时，集群效应还能够带动整个区域的经济增长。

2. 产业集群的驱动因素

产业集群的形成和发展受到多种因素的影响，其中自然资源条件、交通运输条件、产业链延伸等是重要的驱动因素。

（1）自然资源与交通条件。自然资源和交通条件是推动产业集群发展的基础性因素。丰富的自然资源为产业集群提供了充足的原材料支持，而便利的交通条件则能够降低运输成本，提高资源流通效率。例如，矿产资源丰富的地区往往形成了以矿业为核心的产业集群，同时，良好的交通网络能够促进资源的高效流动，降低物流成本。

交通便利性不仅影响着资源的运输，还直接关系到市场的覆盖范围和企业的经济效益。便捷的交通网络使企业能够更快地将产品送达市场，提高市场竞争力。此外，交通条件的改善也能吸引更多企业的投资，加速产业集群的形成与扩展。

（2）延伸产业链。产业链的延伸对于产业集群的全面发展至关重要。通过在集群内发展上下游产业，可以提升集群的整体竞争力和效率。例如，在某一核心产业的基础上，发展相关的配套产业，如金融服务、信息咨询等，可以有效支持核心产业的扩展，同时提升整个集群的专业性和经济效益。

延伸产业链还能推动劳动力市场的发展。专业化的劳动力市场可以为产业集群提供所需的技术和管理人才，促进劳动力的专业化与高素质化。专业化的劳动力不仅能够提高产业集群的生产效率，还能促进技术创新和产业升级。

（3）经济开放性。经济开放性对产业集群的发展有着重要影响。开放的经济环境能够引入外部资本、技术和市场，促进集群内企业的成长和技术进步。尤其是在全球化背景下，开放的经济环境能够使产业集群更好地融入国际市场，提升其国际竞争力。

经济开放性还能推动区域内的政策创新和制度优化，进一步促进产业集群的发展。因此，提升经济开放性，加大对外开放力度，是推动产业集群有效发展的重要途径。

3. 产业集群对区域经济的影响

产业集群的发展不仅能提升区域内企业的竞争力，还能对区域经济产生积极影响。

（1）促进区域经济增长：产业集群的形成和发展能够带动区域经济的增长。集群内企业的协同效应能够提升生产效率，促进技术创新，从而推动经济发展。同时，集群内企业的兴起也会带动相关服务业的发展，进一步促进区域经济的繁荣。

（2）提升区域竞争力：通过资源共享和技术创新，产业集群能够提升区域的整体竞争力。在集群内，企业能够利用共享的资源和信息，快速响应市场变化，从而增强市场竞争力。

（3）创造就业机会：产业集群的发展能够带来大量的就业机会。集群内企业的扩张和新兴产业的出现能够吸纳大量劳动力，提升区域的就业水平。

（4）推动技术进步与创新：产业集群内的企业由于紧密的合作与竞争，能够激发技术创新和进步。集群内的企业通过合作与信息交流，加速技术的研发和应用，推动产业升级。

4. 产业集群与区域经济发展的关联

产业集群与区域经济发展之间存在着复杂而深刻的相互关系。产业集群作为一种集中的经济组织形式，不仅直接推动区域经济的增长，而且在区域经济的发展过程中也表现出重要的影响力。以下将从产业集群对区域经济发展的推动作用以及区域经济对产业集群的促进效果两个方面探讨其相互关联的关系。

(1) 产业集群对区域经济发展的推动作用。产业集群的形成和发展对区域经济的推动作用显著。首先，产业集群通过企业间的紧密合作与竞争，形成了复杂的关系网络。这种网络效应能够有效整合资源，提升整体生产效率。在产业集群中，企业通过分工与合作，共享资源和技术，能够降低生产成本，提高制造效率。通过优化资源配置，产业集群实现了显著的集聚效应，这种效应不仅提升了集群内企业的竞争力，还促进了区域经济的增长。其次，产业集群内企业之间的协作与竞争促进了技术的传播与创新。企业在集群内的密切互动能够加速技术信息的传递，推动科学技术的持续发展。集群内的企业能够通过技术交流和合作研发，共同解决生产中的技术难题，提升整体的创新能力。这种创新驱动不仅增强了企业的市场竞争力，也推动了区域经济的技术进步和产业升级。

此外，产业集群的发展对区域经济的可持续性也起到了积极作用。集群内的企业和职员通过不断交流与合作，能够加速知识和技术的传播，提升企业的生产效率。政府部门对产业集群的支持，如提供政策优惠、基础设施建设等，也有助于吸引更多企业和投资流入该区域。大量企业的进入不仅促进了集群内部的竞争和合作，也稳定了区域经济的发展，为经济的可持续发展奠定了坚实的基础。

(2) 区域经济对产业集群的促进作用。区域经济的发展对产业集群的形成和壮大具有重要影响。首先，区域经济的开放性和资源丰富性是推动产业集群形成的关键因素。在资源丰富的区域，企业可以利用丰富的原材料和技术资源，实现规模效益，形成产业集群。开放的经济环境能够吸引外部资本和技术，促进集群内企业的成长和创新。其次，区域经济的结构和发展水平对产业集群的影响也不容忽视。经济发达的区域通常具备完善的基础设施、优越的营商环境以及高素质的人才资源。这些因素为产业集群的形成和发展提供了良好的条件。在经济发达的区域，企业能够更好地利用区域内的资源优势，形成产业链的各个环节，实现资源的优化配置和效益的最大化，从而推动产业集群的快速发展。

此外，区域经济的政策支持也是产业集群发展的重要推动力。政府部门通过制定有利于产业集群发展的政策，如税收优惠、金融支持、产业规划等，可以有效促进产业集群的形成和壮大。政策的支持不仅能够吸引更多企业的进入，还能够提升区域内企业的竞争力和创新能力，进一步推动区域经济的发展。

5. 产业集群与区域经济发展的对策

在全球经济一体化和区域竞争日益激烈的背景下，产业集群与区域经济发展之间的关系愈加紧密。产业集群作为一种高效的经济组织形式，通过资源共享、信息交流和协同创新，能够显著提升区域经济的竞争力和发展水平。要实现产业集群与区域经济的协调发展，需从多个维度探索有效对策，以推动区域经济的全面提升和可持续发展。

（1）发挥政府的引导作用。政府在产业集群与区域经济发展的过程中扮演着至关重要的角色。政府需要通过政策引导和市场规制，构建一个统一和高效的市场经济环境。政策的制定应根据区域实际情况，设计有针对性的产业发展策略，并注重将创新实践落实到具体行动中。例如，可以通过财政补贴、税收优惠等手段，鼓励企业投资集群核心技术和创新项目，从而提升产业集群的整体竞争力。此外，政府还应完善法律法规，保障市场公平竞争，防止资源配置过程中出现不公平现象。

区域协调发展也是政府职能的重要方面。政府可以促进区域之间的协作与交流，建立跨区域的协调机制，确保资源和信息的顺畅流动。例如，可以通过设立区域合作平台，推动经济技术合作和人才交流，提升区域间的经济协同效应。通过这种方式，政府不仅能够优化区域资源配置，还能有效提升区域经济的综合效益和竞争力，实现区域经济的可持续发展。

（2）加强交流合作。在产业集群的发展过程中，交流合作是推动区域经济发展的关键因素。企业应科学规划产业发展，明确分工，优化资源配置，以便更好地适应市场变化和需求。区域内外部的高效沟通能够带动区域经济的全面发展。例如，通过建立区域产业联盟，可以促进集群内企业间的协作，优化市场结构，提高市场资源配置的效率。

此外，产业集群的协同效应不仅体现在集群内部，还可以通过产业间的合作扩展至区域外部。通过科学规划和合理布局，区域外部产业的发展也可以同步推进，从而提升区域整体的经济实力和市场竞争力。集群内部企业的紧密合作和资源共享，有助于形成强大的产业综合竞争力，促进区域经济的协调发展。

（3）加强战略规划产业集群。战略规划是产业集群与区域经济协调发展的基础。政府应发挥其在战略规划中的引导作用，根据区域的产业布局和发展需求，制定科学的产业策略。策略支持应包括对产业集群发展的支持措施，如创新激励、资源配置优化等，以确保产业集群的持续发展和升级。

科学规划还包括对产业集群发展的全面评估和调整。政府需要根据实际情况，定期评估产业集群的运行状况和区域经济的表现，及时调整发展规划。应制定开放性和长远性的产业集群规划，以促进信息交流的加强和创新能力的提升。此外，产业集群的规划应结合规模经济和范围经济，最大限度地发挥区域网络的集聚效应，避免恶性竞争，提升集群的整体竞争力。

（4）加强自主创新能力。自主创新是提升产业集群竞争力的核心。政府和企业需要共同努力，加大对科技研发的投入，以提升产业集群的自主创新能力。制定科学的科技规划，并在此基础上完善集群创新网络，是推动自主创新的关键措施。地方政府应积极支持企业开展技术创新和研发活动，为企业提供必要的科技资源和支持。

同时，产业集群内的企业需要积极进行创新合作，提升系统集成能力，掌握关键技术，保护知识产权。通过建立科技园区和专业技术孵化平台，可以促进科技成果的转化应用，提高集群的创新能力和市场竞争力。完善的科技产业平台和资源管理机制是实现这些目标的基础。

（5）营造区域创新环境。良好的区域创新环境是推动产业集群和区域经济发展的必要条件。区域内应建立支持企业创新的基础设施和政策环境，如引进先进设备、制定激励机制等。政府需营造良好的工作氛围，促进企业、高校和科研院所之间的合作与竞争。

创新策略和激励机制的建立，可以推动区域内企业的技术创新和成果转化。政府的科学引导和支持措施，将有助于形成良好的区域创新环境，从而提升产业集群的创新能力和区域经济的整体发展水平。通过区域创新体系的建设，企业能够更好地应对市场变化，推动产业集群的持续发展。

（三）区域人力资本

时至今日，区域经济发展的一个变化，是人力资本的作用在增强，为区域发展中的产业发展提供推力。区域经济发展已经到了这样的时候：人力资本的开发成为区域经济增长的基本方式之一。

1. 人力资源的认知

人力资本是一种通过投资于已有人力资源而形成的、以复杂劳动力为载体的可变资本。它具有资本和复杂劳动力的双重属性。从内容上来说，人力资本是花费在人力保健、教育、培训、迁移等方面的开支所形成的资本。这种资本，就其实体形态来说，是活的人体所拥有的体力、健康、经验、知识和技能及其他精神存量的总称，它可以在未来特定经济活动中给有关经济行为主体带来剩余价值或利润收益。

（1）人力资本的特征。人力资本作为经济学和管理学领域的重要概念，与物质资本相比，具有其独有的特征，这些特征不仅体现了人力资本的本质属性，也反映了其在现代化经济体系中的关键作用。以下将对人力资本的主要特征进行详细探讨：

第一，人力资本的依附性。人力资本最显著的特征之一是其依附性。与物质资本如机器设备不同，人力资本是直接凝结在人身上的一种能力，它不能脱离个体而独立存在。每个人的知识、技能、经验以及其他能力都是依附于其个人的，这种依附性使得人力资本具有不可转移性。正如某些学者所言，"每个人都有属于自己的所有权，这种所有权仅属于他自己而不是别人"。这一特征意味着人力资本的开发和利用必须与个体的存在紧密联系，无法通过物质手段进行简单的转移或交换。因此，人力资本的形成和利用往往需要长期的投入和培养，并且其价值的实现依赖于个体的持续参与和贡献。

第二，人力资本的被动性。人力资本的被动性是指它与其所有者的主观状态密切相关。人力资本的利用和开发受到个体意志和情绪的影响，这种影响在很大程度上决定了人力资本的发挥效果。如果个体的主观动机不足、努力不够或敬业程度低，人力资本的潜力将无法得到有效发挥，甚至可能会出现贬值的现象。换句话说，人力资本的价值不仅仅取决于其内在的能力和素质，还受限于个体的动机、态度和工作环境。因此，为了充分发挥人力资本的作用，用人组织必须注重激发个体的内在动力，并提供良好的发展环境和支持。

第三，人力资本的难以测度性。人力资本的难以测度性是其另一重要特征。由于人力资本涉及个人的能力、知识、经验等多个方面，这些因素的复杂性和多样性使得对其进行准确的测量和评估变得十分困难。虽然教育程度、培训经历和身体健康状况等指标可以在一定程度上反映人力资本的状况，但这些指标仍然无法全面、精确地测量人力资本的实际价值。人力资本的作用还受到社会环境、团队合作以及个体的性格特征等多重因素的影响，这些因素的相互作用进一步增加了人力资本价值的测量难度。因此，尽管可以通过一些量化指标来评估人力资本的部分特征，但其综合价值仍然难以准确把握。

第四，人力资本的专业性。人力资本的专业性是其在现代经济中越来越重要的一个方面。由于人的精力和体力的有限性，个体通常不能在所有领域都表现出色。通过专业学习和培训，个体可以在某一领域或某些方面积累专业知识和技能，从而形成具有高度专长的人力资本。随着知识爆炸和专业化程度的不断提高，专业性人力资本在社会和经济活动中的作用愈加突出。相较于全能性的人力资本，专业性人力资本由于其深度和专注，能够在特定领域内发挥更大的作用。因此，现代社会越来越重视个体在特定领域的专业能力，推动了人力资本的专业化发展。

第五，人力资本的累积性、递增性和创新性。与物质资本的消耗和折旧不同，人力资本具有明显的累积性、递增性和创新性。人力资本通过教育、培训和实践不断积累，其价值也随之增加。使用和开发人力资本的过程不仅不会导致其贬值，反而会促进其价值的提升和创新能力的增强。例如，随着知识和经验的不断积累，个体的能力水平通常会不断提高，其在解决复杂问题和创新方面的能力也会增强。因此，人力资本的使用和发展具有自我增强的特性，能够在长期时间内不断提升其整体价值。

第六，人力资本的动态可变性。人力资本的动态可变性体现了其价值的不断变化。虽然人力资本通常会随着教育和培训的增加而增加，但其价值也可能因为知识的过时和技能的衰退而贬值。例如，一个人的知识和技能如果没有及时更新和维护，其人力资本的价值将会下降。因此，人力资本的动态可变性要求个体和组织持续关注和投入人力资本的维护和提升，以应对不断变化的环境和需求。

第七，人力资本的团队协作性。随着社会化大生产和复杂工作的增加，个体的专业技能往往需要通过团队合作来实现最大价值。在团队合作中，个体的专长和能力可以与其他成员的技能互补，共同完成更为复杂的任务。因此，人力资本的价值不仅取决于个体的能力，还包括其在团队中的协作表现。团队的有效协作能够将个体的专业能力发挥到极致，从而促进整体效率和创造力的提升。

（2）人力资本的形成。人力资本的形成是一个复杂而多样的过程，涵盖了从教育到工作实践、从研究开发到职业培训等多个方面。这些途径各自发挥着独特的作用，共同推动了个体能力的提升与知识的积累。本文将从教育、工作实践、研究开发和职业技术培训四个主要途径出发，探讨人力资本的形成过程及其内在机制。

第一，教育。教育是人力资本形成的基础途径，它通过系统性知识的传授和能力的培养，为个体提供了必备的知识基础和技能支持。教育可分为家庭非正式教育和正规教育两个层次。家庭教育，即由父母和家庭环境对孩子进行的教育，通常是非正式的，但其影响深远，为孩子提供了初步的价值观和基本能力。正规教育则包括各级教育机构的系统培训，从小学到高等教育，逐步提高个体的知识水平和技能。

初级教育通常注重基础知识的普及，这为个体后续的学习奠定了基础。随着教育阶段的提高，特别是高等教育阶段，个体接受的知识和技能越来越专业，这能够更好地满足特定职业的需求。教育不仅提高了人力资本的总体水平，还通过知识的积累和能力的提升，加速了人力资本的增长。

第二，工作实践。"干中学"是另一种重要的人力资本形成途径。这一方法强调通过实际工作中的学习来提升个人能力。个体在工作中通过实践经验、模仿他人、接受指导等方式不断积累知识和技能。与正式教育不同，"干中学"更多地依赖于实际操作和现场经验,它强调在真实的工作环境中获取经验和解决问题。这一过程通常发生在劳动年龄阶段,特别是对于新进入职场的年轻人而言,通过实践获得的技能和经验可以显著提升其工作能力。然而,由于"干中学"主要依赖于经验积累,其形成的人力资本多集中在技能和经验层面,对于系统性知识的掌握则相对有限。因此,"干中学"通常需要与正式教育相结合,以形成更全面的人力资本。

第三,研究和开发。研究和开发(R&D)是推动人力资本形成的重要途径,特别是在高科技领域。R&D包括基础研究、应用研究和技术开发,它们通过深入的科学探索和技术创新,快速积累知识并推动技能的提升。研究和开发不仅促进了知识的增长,还提升了个体的创新能力和解决复杂问题的能力。在R&D过程中,个体常常需要具备高水平的智力和创造力,通过参与前沿技术的开发和新理论的探索,个体能够积累丰富的隐性知识。此外,研究和开发还促进了团队合作精神的培养,使个体能够在群体中发挥作用,从而增强了集体的人力资本。

第四,职业技术培训。职业技术培训是在正规教育之后进行的技能和技术学习,是人力资本形成的重要组成部分。职业技术培训通常具有较强的实用性和针对性,旨在提升个体的具体职业技能和技术水平。与传统教育相比,职业培训更加注重实用技能的传授,并且通常需要脱产进行,这种培训方式能够在短时间内显著提高个体的能力水平。

通过职业技术培训,个体可以快速提升新技术的应用能力和职业技能,进而在职业生涯中实现人力资本的显著提升。每一次培训的经历不仅积累了知识,还提高了技能,使个体能够在激烈的职场竞争中保持优势。职业技术培训的跳跃性特点使得人力资本的提升更加迅速和明显。

2. 人力资本对区域发展的作用

人力资本在区域发展中的作用逐渐受到重视,并成为推动区域经济增长的关键因素之一。人力资本投资不仅推动了产业结构的升级,也显著促进了区域经济的快速增长。以下从人力资本需求与供给两个方面,探讨人力资本对区域发展的作用。

(1) 人力资本需求对区域经济发展的引导作用。人力资本需求对区域经济发展的引导作用，主要体现在其对产业结构升级的促进作用上。人力资本需求的增长直接影响产品和劳务的需求，从而推动产业结构的调整和优化。这种引导作用可以从两个方面来理解：数量需求和质量需求。

第一，数量需求的变化对产业结构的影响显著。在经济发展过程中，人口的增加和消费水平的提升使得对各种产品和服务的需求不断扩大。这种需求的增长不仅推动了传统产业的发展，也促进了新兴产业的兴起。例如，随着经济水平的提高和生活方式的变化，健康、教育、娱乐等服务业的需求不断增加，导致这些领域的产业结构不断升级。这种数量上的需求变化促进了区域经济的多样化和复杂化，推动了区域经济的全面发展。

第二，质量需求的变化对产业结构升级的影响同样重要。随着经济的发展，消费者的需求从基本的生存型需求向更高层次的享受型和发展型需求转变。这种需求的升级，推动了产品和服务的高质量化、高附加值化。例如，消费者对高品质教育、健康医疗服务的需求不断增加，促使相关产业提升服务质量和技术水平。这种质量需求的变化不仅推动了产品结构的优化，也推动了产业结构的高级化，从而促进了区域经济的持续增长。

（2）人力资本供给对区域经济发展的影响。人力资本供给对区域经济发展的影响主要体现在三个方面：产业弹性的提升、产业活力的增强以及产业结构升级承载力的增强。

第一，人力资本的有效供给提升了产业的弹性。产业结构的升级往往涉及资源和生产要素的重新配置，包括存量转移和增量转移。物质资本的转移相对容易，但人力资本的转移则需要较长的时间。高素质的人力资本能够更快适应新的生产环境，减少产业转型中的摩擦和阻力。例如，随着技术进步和产业升级，对高技能劳动力的需求增加，而具备较高人力资本的劳动力能够更快速地适应这些变化，从而提高产业的弹性和适应能力。

第二，人力资本的充分积累促进了产业活力的增强。产业的创新能力直接影响其市场竞争力，而创新的主要来源是高素质的人力资本。具备较高人力资本的从业人员能够推动技术创新和管理创新，从而增强产业的活力和市场竞争力。例如，信息技术产业的发展依赖于具备高技能的工程师和研发人员，而这些高素质的从业人员能够推动新技术的应用和推广，进而提升整个产业的活力和竞争力。

第三，人力资本投资促进了人力资本存量的增加，并增强了产业结构升级的承载力。在产业结构升级过程中，各个产业面临的环境变化和压力不可避免。人力资本存量大的产业能够更好地应对这些变化，并尽快形成新的产业关联。例如，高技能劳动力能够帮助传统产业进行技术改造，提升生产效率和产品质量，从而增强产业对市场变化的适应能力。此外，充足的人力资本存量还能够支持新兴产业的发展，帮助区域经济实现结构优化和升级。

3. 产业结构升级对于人力资本的需求

产业结构的高度化需要一定的人力资本作支撑，因此产业结构升级会对人力资本产生需求，从而对人力资本投资产生影响，人力资本结构也会逐步高度化。

产业结构的升级是当今世界产业结构转换的重要内容。产业结构升级对经济增长的促进作用主要体现在主导产业的转换给整个经济增长带来新的驱动力。主导产业的及时转换，保证了增长率较高的产业部门对资源的需要，使社会总资源得到合理的配置与利用，提高了单位资源的产出效益，使总量增长始终有充足的后劲，并以较高速度进行。

主导产业及时转换，同时也保证了主导产业对其他产业的带动作用。产业结构的升级必须通过大力发展人力资本才能实现。目前来说，进入知识经济时代，产业结构升级主要是依赖于知识和信息等智力资源的开发，这就对人力资本的存量、增量及结构都提出了更高的标准和要求。在产业结构升级中，那些新兴的高新技术产业以及关联产业的增长比那些物质资源高消耗的传统产业的增长要快得多，这主要就是人力资本以知识密集和技术密集的方式发挥了主导作用所致。

由于提升了的人力资本包括对知识和信息的生产与扩散能力，信息传输从某种意义上来说，又取代了大量物质资源传输，物质资源和能源消耗随之减少；同时，作为高新技术重要组成部分的新材料技术也是知识密集型的，如果没有足够的人力资本投放，也难以创新，达到新的突破。因此，产业结构的升级，要求人力资本也加快提升速度。

（四）经济区域管辖

在区域经济研究的框架内，"经济区"作为一个核心概念，其内涵与外延的理解对于有效的区域经济开发具有重要的指导意义。经济区不仅是基于劳动地域分工的产物，更体现了区域经济活动组织和协调的复杂性。与传统的地理区域不同，经济区具有特定的经济属性和区域管辖特点，这些特点在区域经济研究和实践中具有深远的影响。以下从经济区的定义、特点以及区域管辖的关系等方面进行详细探讨，以期为区域经济规划与管理提供理论支持和实践指导。

1. **经济区的定义与特征**

经济区是区域经济学中一个关键的研究单元，其定义通常基于区域内经济活动的特性和空间分布。经济区的核心特征可归纳为以下几个方面。

（1）区域内均质性或同类性：这种均质性体现在自然条件、资源禀赋以及社会经济条件的相似性上。在经济区内部，自然环境和资源条件大致相同，这为区域经济活动的协调和发展提供了基础。例如，在一个以农业为主的经济区内，区域内的土壤类型和气候条件相似，这使得农业生产具有一定的规模经济和集聚效应。此外，经济区内的经济发展水平和发展阶段也具有一致性，这有助于形成稳定的经济结构和发展方向。

（2）经济联系与经济结构的合理性：这意味着经济区内部的生产联系和经济活动的安排是合理的。例如，区域内的交通运输网络发达，信息流通渠道畅通无阻，商品流通渠道高效。这种合理性不仅促进了区域内经济主体之间的合作和协同，而且提升了区域经济的整体效率。经济结构的合理性还体现在区域产业布局的优化上，即不同经济主体和产业之间的配合能够最大程度地发挥区域资源的优势。

（3）经济管理上的合理性：经济区的设立和划分能够有效地支持区域产业布局的优化，推动区域规划和经济发展计划的制定。合理的区域划分使得各级政府能够更有效地进行资源配置、政策制定和经济发展战略的实施。例如，通过科学的区域划分，可以制定针对性的经济政策，促进区域内的均衡发展和协调发展，从而实现区域经济的可持续增长。

2. **经济区与区域管辖的关系**

经济区的有效运作离不开科学的区域管辖，区域管辖在经济区的管理和协调中发挥着至关重要的作用。区域管辖的主要功能包括区域划分、政策制定、经济协调和资源管理等。经济区的区域管辖可通过以下几个方面来实现。

(1) 区域划分的科学性。区域管辖的首要任务是对经济区进行科学的划分。这要求在划分过程中充分考虑区域的自然条件、经济发展水平以及社会经济结构等因素。科学的区域划分不仅能够保证经济区的合理性和有效性，还能够为区域经济的协调发展奠定基础。例如，通过对不同区域的自然条件和经济活动的分析，可以确定最适合的经济区划，从而实现资源的优化配置和经济效益的最大化。

(2) 策略制定的针对性。区域管辖还涉及策略的制定和实施。针对不同经济区的特性，各级政府可以制定有针对性的措施，以满足区域经济发展的需要。例如，对于经济发展相对滞后的区域，可以通过提供财政补贴、税收优惠等措施来刺激经济增长；而对于经济发展较快的区域，则可以通过调整产业结构、加强基础设施建设等措施来进一步促进经济的发展。政策的针对性不仅能够提高政策的有效性，还能够增强区域经济的竞争力。

(3) 经济协调的有效性。经济协调是区域管辖的重要功能之一。经济区内部的各个经济主体之间需要进行有效的协调与合作，以实现区域经济的共同发展。这包括产业之间的协调、企业之间的合作以及政府与企业之间的互动等。有效的经济协调可以减少区域内的资源浪费，提高经济活动的效率，并推动区域经济的整体发展。

(4) 资源管理的优化。资源管理是区域管辖中的另一项关键任务。经济区的资源包括自然资源、劳动资源和资本资源等。科学的资源管理可以提高资源的利用效率，促进资源的可持续发展。例如，在资源丰富的经济区，可以通过合理规划和管理，确保资源的开发利用与环境保护的平衡；而在资源匮乏的经济区，则可以通过引进先进技术和提高资源利用效率来解决资源不足的问题。

3. 经济区与区域管辖的实践意义

经济区的划分和区域管辖的合理性对区域经济的发展具有重要的实践意义。通过科学的经济区划和有效的区域管辖，可以实现以下几个目标。

(1) 促进区域经济的均衡发展。经济区的科学划分和区域管辖能够有效地促进区域经济的均衡发展。通过合理的区域划分，可以将资源和政策重点投向经济发展相对滞后的区域,从而缩小区域经济发展的差距,实现区域经济的协调发展。

(2)提高经济活动的效率。通过科学的区域划分和有效的区域管辖,可以提高经济活动的效率。合理的经济区划能够优化资源配置,减少资源浪费,提升区域经济的整体效益。有效的区域管辖则能够通过政策的支持和经济协调,提高经济活动的效率,推动经济的可持续发展。

(3)增强区域经济的竞争力。区域经济的竞争力在很大程度上取决于经济区划的科学性和区域管辖的有效性。通过优化经济区划和加强区域管辖,可以增强区域经济的竞争力,提高区域在全国乃至全球经济中的地位和影响力。

二、区域经济发展的战略分析

区域经济发展战略是指对一定区域内经济、社会发展有关全局性、长远性、关键性的问题所做的筹划和决策。具体来说,是指在较长时期内,根据对区域经济、社会发展状况的估量,考虑到区域经济、社会发展中的各方面关系,对区域经济发展的指导思想、所要达到的目标、所应解决的重点和所需经历的阶段以及必须采取的对策的总筹划和总决策。

(一)区域经济发展战略的特征

区域经济发展战略的特征可从多个方面进行深入探讨,以下是对其主要特征的系统分析。

第一,全局性。区域经济发展战略具有高度的全局性。作为对区域经济未来发展的总体规划,区域发展战略不仅关注具体区域的经济状况,还涉及该区域在更大范围内的地理、经济、社会等方面的相互关系。全局性体现了战略的方向性、系统性和长远性。区域经济发展战略的核心在于全面把握区域经济发展的总体趋势,确定未来发展目标,并设计相应的政策和措施以实现这些目标。因此,区域经济发展战略不仅是对当前经济状况的总结,更是对未来经济发展趋势的预测和规划,其设计必须考虑到各种内外部因素对全局的影响,从而确保制定的战略具有前瞻性和指导性。

第二，地域性。区域经济发展战略的制定离不开地域性的特征。不同区域因其地理位置、资源禀赋、经济基础、社会结构等因素的差异，其经济发展战略的内容和重点会有所不同。这种地域性特征要求在制定战略时必须结合具体的区域实际情况，进行针对性的分析和规划。例如，沿海地区可能注重外向型经济和高科技产业的发展，而内陆地区则可能更加关注基础设施建设和产业结构调整。这种地域性不仅决定了战略的具体内容，还影响了战略实施的方式和效果，因此，区域经济发展战略需要对区域内的各类资源和优势进行充分的调研和利用，以制订切实可行的发展方案。

第三，客观性。区域经济发展战略的客观性是其科学性和实际意义的基础。战略的制定必须以客观的经济、社会和环境数据为依据，通过科学的分析方法对区域内的现状进行全面的评估。这包括对区域经济发展水平、资源禀赋、市场需求、产业结构等方面的深入研究。客观性要求在战略制定过程中，不仅要识别出区域内的优势和劣势，还要考虑到可能存在的风险和挑战，以确保战略的有效性和可操作性。任何忽视客观实际的战略都可能导致目标设定不切实际，从而影响战略的实施效果。

第四，系统综合性。区域经济发展战略具有明显的系统综合性。经济发展是一个复杂的系统工程，涉及多个方面的因素，包括自然环境、资源条件、产业结构、社会发展等。制定区域经济发展战略需要对这些因素进行系统的综合分析，以确保各个要素的协调发展。这种系统综合性要求战略制定者不仅要掌握各个方面的信息，还要了解它们之间的相互关系和作用机制。区域经济发展战略的系统综合性体现在以下几个方面：首先，战略制定需要整合各类数据和信息，对区域的经济、社会、环境等多方面进行综合评估。其次，战略实施过程中需要协调各方力量，确保资源的有效配置和利用。最后，战略的实施效果需要进行动态评估和调整，以适应不断变化的环境和需求。

第五，长期性和阶段性。区域经济发展战略的长期性和阶段性是其重要特征之一。战略的制定必须关注未来较长时期的发展目标，同时也要考虑到阶段性任务的安排。长期性要求战略要具备前瞻性，能够指导区域在较长时期内的发展方向和目标；而阶段性则要求在实施过程中对不同阶段的目标和措施进行科学安排。长期性和阶段性的结合使得区域经济发展战略既具备宏观指导性,又具备操作性的细节安排。在战略实施过程中,需要对战略目标进行阶段性分解,设定短期、中期和长期目标,并根据实际情况进行调整和优化,以确保战略的有效实施。

第六,层次性。区域经济发展战略的层次性体现在其从宏观到微观的不同层级。战略的制定和实施需要遵循一定的层次结构,从国家级战略到区域级战略,再到地方级战略,每一层级的战略都应当服务于上层级战略的目标,并结合具体的实际情况进行细化。这种层级性要求各个层级的战略相互配合、协调发展,避免出现目标不一致或冲突的情况。各个层级的战略不仅要根据上级战略的要求进行调整,还要充分考虑本区域的具体情况,以确保战略的有效实施。

(二) 区域经济发展的战略模式

根据区域经济发展理论和对发展中国家和地区经济发展战略的实践进行总结概括,区域经济发展战略模式主要有以下几个方面。

1. 均衡发展战略模式

均衡发展战略模式[1]在经济政策中的重要性不可忽视,其核心思想在于通过协调各产业部门和地区的资源配置,以实现市场的全面扩展和经济的稳定增长。然而,这一战略模式在实践中的效果却因地制宜,各地区的经济和社会环境差异使得均衡发展战略的实施面临诸多挑战。

(1) 均衡发展战略模式的基本出发点是满足各方面的需求,通过在不同地区和产业部门同步配置资本,旨在促进经济的全面发展。这种模式强调社会公平和区域间发展的协调,尤其是在经济发展初期,其通过资源的均衡分配,试图缩小地区间的差距,维护社会的整体稳定。这种战略在理论上能够促进区域和产业的协调发展,从而推动经济的可持续增长。然而,理论与实践之间的鸿沟在于,均衡发展战略在面对不同地区的发展水平时,往往难以适应地方实际情况,尤其是

---

[1] 均衡发展战略模式最初是发展中国家和地区实现经济发展目标的一种战略模式,它是建立在区域经济均衡发展理论基础之上的。

在不发达地区，其效果更加令人担忧。

在不发达地区，均衡发展战略模式的实施往往遇到诸多困难。这些地区普遍面临资金短缺、外汇不足等经济瓶颈，资源的分散使用往往无法取得显著的经济成效。尤其是在发展的初期，实施"大推进"的均衡增长战略，可能会导致资源的过度集中，进而牺牲人民的眼前利益，造成社会各方面的紧张关系。这种策略不仅需要强有力的行政管理体制来实施，而且在长期内可能超出地方经济的承受能力，进一步导致经济活力的丧失。

(2) 均衡发展战略模式在实施过程中可能过分强调地区间的公平和产业的平衡，而忽视了效率优先的原则。区域经济的有效发展需要遵循地域分工原则，充分发挥各地区的比较优势。如果一味追求均衡而忽略了效率，将可能陷入低水平的平衡，进而牺牲经济效益。由此可见，在缺乏有效的管理和未充分考虑地区特性的情况下，均衡发展战略可能无法实现预期的经济效益。

2. 非均衡发展战略模式

非均衡发展战略模式，又称倾斜发展战略模式，基于区域经济非均衡发展理论构建。该模式的核心理念是：区域经济的成长本质上是产业部门成长的过程，而不同产业由于其条件、地位和作用的差异，增长速度和轨迹也不尽相同。非均衡发展战略模式的初衷是通过集中资源于主导产业和主导地区，逐步推动整体经济的增长。这一战略认为，在经济发展的初期阶段，地区资源的有限性决定了应优先投放于若干关键领域和区域，从而形成较为显著的增长效应，进一步带动其他产业和地区的发展。

从供给角度来看，非均衡发展战略模式强调通过对重点产业和地区的倾斜投入，增强市场供给能力，以促进整体经济的增长。通过这种方式，重点产业的壮大能够在短期内显著提升经济的增长速度和效率，为区域经济注入新的活力。这种模式的优势在于，通过对特定领域和地区的支持，可以迅速见效，加快区域经济的增长步伐，并有效地提高国民经济的整体水平。例如，一些地区通过发展高新技术产业，能够迅速带动相关产业链的发展，从而推动整个区域经济的转型升级。

然而，非均衡发展战略模式的实施也暴露出若干问题。首先，这种战略模式可能导致区域内产业和地区间的发展不协调。由于资源集中于特定产业和地区，其他产业和地区可能因此受到忽视，进而影响整个区域的协调发展。这种模式往往难以实现区域经济的均衡增长，容易形成经济发展的二元结构，即发展水平不均衡的区域和产业并存。其结果可能是工农业失调、城乡脱节，甚至使得落后地区与先进地区的差距进一步拉大，社会矛盾也随之加剧。其次，非均衡发展战略模式可能未能有效发挥重点产业和地区的带动作用。虽然在理论上，重点地区和重点产业的发展应能够带动其他区域和产业的成长，但实践中却常常出现局部区域和产业的快速发展与其他区域和产业的相对滞后之间的矛盾。重点区域和产业的发展未必能够如预期那样带动周边地区和相关产业的同步发展，反而可能加剧区域间的经济差距和社会不平等现象。

3. 区域经济协调发展战略模式

区域经济协调发展战略模式的形成是在充分吸收前述非均衡发展战略模式的优点，同时摒弃其缺陷的基础上，致力于实现区域经济的均衡、协调与可持续发展。这一战略模式深植于区域经济协调发展的理念，既强调区域内部各产业和各地区的协调发展，又注重区域重点产业和重点地区对整体经济的引领和支撑作用，体现了综合统筹与区域特色的有机结合。

（1）区域经济协调发展的理念。区域经济协调发展战略模式以协调发展为核心理念，旨在消弭区域经济发展中的不平衡现象，促进经济的均衡增长。这一理念主张在区域经济发展过程中，不仅要关注单个地区的经济增长，还要考虑各地区之间的经济关系，力求在整体上实现各区域经济的互补和协同。协调发展的关键在于统筹规划，通过科学合理的布局，实现资源的最优配置与利用。

（2）统筹规划与因地制宜。区域经济协调发展战略模式强调在区域发展过程中，必须严格按照统筹规划的原则，结合具体的地理、经济、社会等条件进行因地制宜的安排。统筹规划意味着在国家层面上对区域经济进行整体规划，并且在规划过程中，需综合考虑各地区的资源禀赋、产业基础、经济发展水平等因素。这种规划不仅应包括宏观层面的战略设计，还需涵盖微观层面的实施细节，以确保区域经济的协调推进。

因地制宜则强调在具体实施过程中，各地区应根据自身的实际情况选择适合的发展重点和优势产业。这一原则旨在避免地区间的盲目跟风和产业结构趋同，使每个地区能够充分发挥其独特的资源优势和产业特色，从而形成多元化的发展格局。这种因地制宜的发展策略有助于提升各地区的竞争力，避免区域经济一体化进程中的单一化和同质化现象。

(3) 发挥优势与分工合作。发挥优势是区域经济协调发展战略模式的另一核心要素。在具体实施过程中，各地区需识别自身的优势领域，积极发展这些领域的核心产业，以实现资源的最佳配置。区域间的分工合作能够有效促进经济的分工与协作，使得各地区能够专注于自身的优势产业，形成互补型的经济合作关系。例如，资源丰富的地区可以重点发展资源加工产业，而技术创新能力强的地区则可以重点发展高新技术产业，通过这样的合作与分工，提升整体区域经济的效率与竞争力。

(4) 避免区域间产业结构趋同。区域经济协调发展战略模式特别注重避免区域间产业结构的趋同现象。产业结构趋同通常导致区域经济发展的同质化，抑制了区域内的创新活力和竞争力。为了避免这一问题，政策制定者应在制定区域经济政策时，特别注意区域间产业布局的差异性和多样性。这要求在国家政策的指导下，各地区应根据其资源禀赋、市场需求、技术水平等因素，制定适合自身的产业发展规划，避免大规模的产业复制和盲目跟风。

(5) 形成区域间相互促进、优势互补的机制。区域经济协调发展战略模式的最终目标是实现区域间经济关系的和谐，促进经济发展水平和人民生活水平的共同提高。为实现这一目标，各地区之间应建立相互促进、优势互补的互动机制。通过这种机制，区域间能够在资源、技术、市场等方面实现有效的对接与合作，形成良性的经济发展循环。例如，发达地区可以通过技术和资金支持，帮助欠发达地区提升产业水平和经济发展能力，而欠发达地区则可以提供市场和资源支持，为发达地区的产业发展提供保障。

(6) 实践中的应用与挑战。区域经济协调发展战略模式在许多国家和地区得到了广泛应用，尤其是在区域经济差异显著的国家和地区。这一模式的应用有助于促进区域经济的全面提升，改善社会经济的整体结构。然而，实践中也存在一定的挑战。例如，如何平衡各地区之间的利益，如何有效协调各区域的发展步调，如何解决区域间的利益冲突等问题，都需要在具体实施过程中加以解决。

（三）区域经济发展阶段的战略选择

区域经济发展是一个复杂且动态的过程，各区域在不同的发展阶段展现出各自的特点与挑战。因此，根据区域所处的发展阶段制定相应的战略是实现区域经济可持续增长的关键。以下将探讨不同发展阶段下区域经济的战略选择，包括待开发阶段、成长阶段、成熟阶段和衰退阶段的具体战略。

1. 待开发阶段的区域经济战略

在待开发阶段，区域经济的特征通常表现为较低的经济发展水平、高比例的农业经济、劳动生产率低以及资金和市场容量的不足。为了打破贫困陷阱，这些地区需要制定有针对性的战略来促进经济发展。首先，这些地区需要充分发挥区域内的自然资源和劳动力优势。在资金投入方面，应优先考虑具有发展潜力的本地资源产业，同时技术水平应与当地劳动力的素质相匹配。例如，可以选择那些需要较低技术水平的农业加工业，以逐步提升劳动生产率。其次，空间布局上应避免资源的平均分配，而是应集中投资于具有增长潜力的区域，以形成经济增长极，从而带动整个区域的经济发展。这种策略不仅有助于优化资源配置，还能在初期阶段集中力量产生较大的经济增量。再次，通过加强教育，提高劳动者的技能水平，同时鼓励开放市场，打破封闭状态，这些措施能够提高区域的整体生产能力。初期阶段可以通过劳务输出减轻就业压力，为经济积累初始资本。最后，招商引资是促进区域经济发展的重要途径。应通过政策激励和良好的投资环境吸引外部资金、技术和人才，使自然资源和劳动力的优势得到最大化利用，从而实现经济的初步发展。

2. 成长阶段的区域经济战略

成长阶段的区域通常已经完成了初步的工业化，第二产业在国内生产总值中占据主导地位，经济增长势头强劲。此时，区域经济战略的重点是进一步巩固和扩大经济优势。首先，需要进一步加强和扩展区域内的优势产业。通过发挥规模经济效应，降低产品成本，扩大市场份额，提升优势产品的国内外市场占有率是关键措施。此外，围绕优势产业形成结构效益良好的关联产业系列，不仅能提高经济的整体效率，还能增强区域经济的竞争力。其次，培植新兴产业，特别是服务业的增长是必不可少的。发展第三产业，如贸易、金融、信息技术、咨询和教育等，将有助于提高经济结构的弹性，从而应对市场变化和经济波动带来的挑战。最后，应沿若干开发轴线培植新的或次级增长极，以促进区域经济的深度发展。通过这种方式，可以进一步推动区域经济的纵深发展，并实现更广泛的经济辐射效应。

3. 成熟或发达阶段的区域经济战略

处于成熟或发达阶段的区域通常是国家的经济中心区，基础设施完备，经济结构合理且发展成熟。此阶段的经济战略应着重防止衰退的潜在危险，并保持经济的活力和创新能力。首先，在产业结构上，应淘汰那些已失去比较优势的产品和产业，着力发展新兴产业。引进和运用新技术，改造传统产业，进行产业结构优化，以保证产业的动态调整和持续竞争力。其次，市场结构的优化也是重点。大力发展外向型经济，参与国际市场竞争，进行跨国经营，是增强区域经济全球竞争力的重要手段。通过与国际市场的接轨，可以开拓新的市场机会，提升区域经济的国际影响力。

4. 衰退阶段的区域经济战略

衰退阶段的区域通常表现为传统产业占据较大比重，经济增长缓慢，失去了原有的增长势头。这些区域面临经济衰退的风险，战略重点应放在产业结构调整和经济转型上。首先，应对传统衰退产业进行更新换代，通过技术创新和产业升级实现经济转型。此时，政策应侧重鼓励新兴产业的培育和发展，推动经济从传统产业向高新技术产业、服务业等方向转型。其次，及时采取有效的产业结构调整政策，可以防止衰退的进一步加剧，使经济维持稳定，甚至促进经济进入新的增长期。实施产业政策的同时，还应注重社会和生态方面的调整，以增强区域经济的复原力和适应能力。

第四节 区域经济发展的多元模式构建

一、绿色、创新、开放的发展模式

绿色发展、创新发展、开放发展是发展理念的重要组成部分，是指导我国区域经济发展转型的重要理论支撑，也是我国区域经济发展模式的转型趋势。

（一）绿色、创新、开放赋予区域经济的发展契机

改革开放 40 多年以来，我国尤其是东部沿海地区呈现经济社会快速发展的态势，并走出了具有中国特色的区域经济发展道路，比较典型的有以苏锡为代表的苏南模式，以温州为代表的温州模式，以及以深圳、东莞为代表的珠江模式。这些区域经济发展模式的形成不仅有力地推动了当地经济社会的发展，而且对我国其他地区经济发展起到了较强的示范和带动作用，以上区域经济发展模式则是中国经济发展构成的重要内容。然而，当今世界正处于全面剧烈的转型时期，可持续发展、新科技革命、经济全球化等迅速成为经济发展方式的主导力量，这也为中国区域经济发展模式转型孕育了新的契机。

第一，国内外强调创新驱动绿色发展理念。随着第三次工业革命的兴起，绿色新政、绿色发展也与第三次工业革命紧密呼应，新能源、新材料、智能制造、互联网、物联网等技术变革开启了人类发展和国际竞争的新模式、新格局，这也推动区域经济发展模式逐渐从依赖自然资源和低成本劳动力的经济发展模式向创新驱动经济发展模式转换。

第二，新科技革命与新产业革命迅速推动世界走向新的巨变。从人类社会发展历程来看，科技与经济发展一直互促共生，常规科技进步推动经济常规增长，科技革命则能引发产业革命，推动经济快速增长和实现重大转型。当前，随着信息技术、生物技术、新能源技术、新材料技术等的交叉融合，引发了新一轮科技革命和产业革命，也为人类发展带来新的发展机遇。中国政府已把创新发展战略

作为国家重大战略，着力推动科技创新，中国区域经济发展模式转型也迎来新的机遇。

第三，经济全球化和信息化的浪潮席卷全球。如今，全球化和信息化成为新世纪的两大发展趋势，世界各国在全球范围的经济融合，资本、知识、技术、人力等经济增长要素或资源以空前的速度和规模出现全球性流动、配置与组合，不同发展水平、不同社会制度的国家和区域卷入全球经济体系之中，而信息化的发展更加剧了这种经济全球化的程度和深度。在全球化和信息化作用下，中国区域经济发展的外向性和开放度不断提升，发展更高层次的开放型经济已成为当前中国经济发展模式的重要转型方向。

（二）构建绿色、创新、开放的发展模式的重要意义

在全球经济格局经历深刻变革的当下，推动区域经济发展模式向更加合理、高效的方向转型，已成为一股不可逆转的国际潮流，它不仅体现了全球共同的发展愿景，也是中国作为负责任的大国所肩负的时代使命，这个使命与实现中华民族伟大复兴的中国梦紧密相连。面对全球经济形势的复杂多变，深度转型与改革引领成为推动世界经济持续前行的关键。各国纷纷致力于经济发展方式的转变，力求实现经济中高速增长与中高端水平的跨越，以期达到发展形态的高级化、效率的最大化、公平性与可持续性的全面提升。在此背景下，中国作为世界第二大经济体及新兴市场的领军者，其在全球经济低速增长环境中的应对策略与成效，对维护世界经济的稳定增长具有举足轻重的影响。中国通过积极应对，把握新科技革命、经济全球化与信息化带来的新机遇，不仅保持了自身经济的平稳健康发展，也为全球经济的复苏与增长注入了强劲动力，展现了中国在全球经济治理中的积极贡献与责任担当。

此外，加快经济发展模式的绿色转型，致力于实现经济社会全面、协调、可持续的发展目标，是中国对国际社会做出的重大承诺，也是新时期中国作为负责任的大国形象的重要体现。这一转型不仅关乎中国自身的长远发展，更是对全球可持续发展议程的积极响应与贡献。通过推动经济结构优化升级，强化生态环境保护，促进资源节约与循环利用，中国正努力走出一条绿色低碳的发展新路，为

全球可持续发展提供宝贵经验与示范。同时，实现经济发展方式向绿色、创新、开放方向的全面转型，对于进一步提升中国经济的综合竞争力与国际影响力，具有深远意义。它不仅能够促进产业升级与技术创新，增强经济发展的内生动力，还能通过深化对外开放，促进国际合作与交流，为中国经济社会的持续健康发展开辟广阔道路。这一过程，无疑将为中国梦的实现奠定坚实基础，助力中华民族在 21 世纪的伟大复兴征程上迈出更加坚实的步伐。

二、协同、合作发展模式

在当今全球经济一体化与科技迅猛发展的背景下，协同、合作发展模式不仅是增强国家和区域自主创新能力的必然要求，也是转变经济发展方式、应对新科技革命挑战的重要举措。这一模式强调产学研用的深度融合与互动，通过整合创新资源，形成创新合力，推动区域经济实现质的飞跃。

（一）协同、合作：增强自主创新能力的新路径

协同、合作发展模式的核心在于打破传统创新体系中的壁垒，实现知识创新与技术创新的有机结合。中国特色国家创新体系的建设，既需要国家科研机构和大学在知识创新方面的引领作用，也离不开企业在技术创新中的主体地位。产学研合作的深化，正是为了将这两股力量有效融合，形成创新驱动发展的新格局。

近年来，我国通过实施知识创新工程和技术创新工程，显著提升了国家和区域的自主创新能力。然而，这仅仅是开始。要实现创新能力的持续增强，必须进一步推动产学研用的紧密结合，形成知识创新、技术创新与产业发展之间的良性互动。这不仅要求我们在创新主体间建立更加紧密的合作机制，还需要在政策、资金、人才等方面提供全方位的支持，以确保创新链的完整与高效。

（二）协同、合作：转变经济发展方式的关键抉择

面对工业化、信息化、城镇化、市场化、国际化深入发展的新形势，我国经济发展正处于关键的转型期。传统的高投入、高消耗、低产出的发展模式已难以为继，必须依靠科技创新推动产业结构优化升级，实现经济发展方式的根本

转变。

协同、合作发展模式的引入，正是为了应对这一挑战。通过加强产学研合作，我们可以将创新资源更加精准地投向新兴产业和现代产业体系的建设，推动信息、生物、新能源、新材料等领域的快速发展。同时，这一模式还有助于解决能源资源节约、环境污染治理等紧迫问题，为循环经济和低碳经济的发展提供强有力的科技支撑。

（三）协同、合作：应对新科技革命挑战的战略选择

在全球科技竞争日趋激烈的背景下，新科技革命和产业变革正在重塑国际经济格局。发达国家纷纷加强科技创新能力建设，以保持其在国际竞争中的优势地位。对于我国而言，要想在这场科技革命中占据有利位置，就必须加强产学研用的协同合作，提升我国的综合国力和国际竞争力。

协同、合作发展模式的实施，将使我们能够更好地抓住新一轮科技革命和产业革命的机遇，推动产业从全球价值链的低端向高端攀升。通过深化产学研合作，我们可以加速科技成果的转化和应用，培育具有自主知识产权的核心技术和产业，从而在国际竞争中赢得主动权和话语权。

三、可持续发展模式

可持续发展模式作为当今全球经济和环境治理的重要议题，其核心目标是实现经济增长、环境保护与社会公平的有机结合。随着全球化进程的加快以及资源环境问题的日益严峻，探讨和构建有效的可持续发展模式显得尤为重要。以下将从可持续发展模式的基本特征、全球化影响下的可持续发展趋势来探讨这一复杂的课题。

（一）可持续发展模式的基本特征

第一，综合性与协同性。可持续发展模式具有显著的综合性和协同性特征。这意味着，实施可持续发展战略时，不仅需要考虑经济增长的因素，还必须综合考虑社会公平和环境保护。经济发展、社会进步和环境保护三者之间相互作用、

相互影响，只有通过综合的政策措施和协调的行动才能实现真正的可持续发展。例如，城市化进程中的可持续发展不仅要求提高经济效益，还需要关注城市环境的改善与社会服务的公平分配。因此，策略制定者在设定发展目标和措施时必须从综合性的角度出发，确保各方面的目标得到平衡和实现。

第二，长期性与稳定性。可持续发展模式强调长期性和稳定性。这不仅要关注当前的经济和环境状况，还要考虑长期的趋势和潜在的风险。短期的经济利益往往可能与长期的环境保护目标相冲突，因此，在制定可持续发展政策时，需要对未来可能出现的环境问题和社会挑战进行前瞻性的分析和规划。例如，在能源领域，发展可再生能源虽然初期投资较大，但从长期来看，有助于减少对化石燃料的依赖，实现能源供应的长期稳定性。因此，长期性的规划和稳定性的策略是实现可持续发展的关键要素。

第三，参与性与共享性。可持续发展模式强调广泛的参与性和共享性。这要求不同利益相关者，包括政府、企业、社区和公众，积极参与到可持续发展活动中，共同推动相关政策的实施和目标的实现。广泛的参与不仅能够增加政策的透明度和公正性，还能有效地调动各方的积极性，形成合力。例如，在水资源管理中，地方政府、企业和社区的参与能够确保水资源的合理利用和有效保护，从而实现可持续的水资源管理。

（二）全球化影响下的可持续发展趋势

第一，全球化与区域可持续发展。全球化对区域可持续发展产生了深远的影响。经济全球化加速了区域间的联系与依赖，推动了资源的跨区域流动和环境问题的全球化。例如，全球化促进了国际贸易的扩张和资本的流动，使得各国和地区在经济活动中相互依赖加深。然而，全球化也带来了区域间资源环境压力的加剧，区域性环境问题需要全球合作和协调的解决方案。区域可持续发展必须在全球化的大背景下考虑跨区域的资源配置和环境保护问题。

第二，技术进步与可持续发展。技术进步对可持续发展模式的形成和实施具有重要影响。信息技术和通信技术的进步不仅降低了交易成本，还推动了生产要素的全球配置和资源的高效利用。例如，大数据技术和人工智能的应用能够提高资源管理的精确度和效率，为可持续发展提供了技术支持。同时，技术进步也促进了绿色技术的创新和应用，如新能源技术和节能技术的推广，为实现环境保护和经济发展的双赢提供了可能。

第三，社会文化的全球融合。社会文化的全球融合也在影响可持续发展模式的构建。不同地区和文化背景下的可持续发展观念和实践通过全球化的传播和交流，逐渐形成了一种全球共同的可持续发展意识。例如，西方国家的可持续发展理念与东方传统文化中的环境保护观念相互融合，推动了全球范围内的可持续发展行动。社会文化的融合促进了全球范围内对可持续发展的认同和支持，有助于在全球范围内形成统一的可持续发展标准和目标。

综上所述，可持续发展模式的探讨涉及多方面的特征和趋势。从综合性、长期性和参与性等基本特征，到全球化、技术进步和社会文化融合等影响因素，再到实践中的政策协调、资源配置公平性和环境保护与经济增长的矛盾，可持续发展模式的构建和实施面临着复杂的挑战。只有通过深入分析这些问题，制定科学的政策措施，推动技术创新和社会参与，才能实现真正的可持续发展目标。

第三章

共享经济发展及其有效对策

第一节 共享经济及其应用领域

一、共享经济的兴起

共享经济的兴起标志着经济模式的一次重大转变，这一理念最早在1978年的《美国行为科学家》杂志上被提出，但其被广泛传播和接受则始于2008年全球金融危机之后。在经济危机的背景下，人们开始重新审视个人消费习惯和物品的使用价值，重视对闲置资源的再利用，从而推动了共享经济模式的兴起。这种模式不仅提升了资源的利用效率，也实现了个人收益的最大化。

共享经济的发展经历了一个逐步演进的过程。在20世纪70年代之前，由于产品供应有限、技术发展水平不足，加之地理和交通的限制，共享经济的实践受到诸多制约。在这一时期，共享活动主要局限于亲友和邻里之间，且往往不涉及经济报酬。然而，随着经济的增长和技术的进步，特别是信息技术的革新，共享经济的潜力开始显现。从20世纪70年代到20世纪90年代末，尽管市场和物流基础设施尚未完善，但信息共享已经开始广泛应用。

21世纪，特别是移动互联网技术和智能手机的普及，以及第三方支付系统的广泛应用，为共享经济的实践提供了技术支撑。共享经济迅速渗透到日常生活的各个方面，信息交流的速度和广度得到显著提升，人际关系也变得更加紧密，为共享经济的发展创造了有利条件。物质的丰富和闲置资源的增多，使得共享服务成为可能，人们通过共享服务，不仅能够分享闲置资源，还能获得相应的经济回报，这种互惠互利的模式迅速获得了社会的广泛认可。

2008年的经济危机是共享经济发展的一个转折点。面对经济形势的恶化，个人和企业开始寻求节省成本和增加收入的新途径，共享经济提供了有效的解决方案。在美国，经济危机首先影响了房地产业，许多家庭面临财务压力，房价暴跌和社会各行业的困难导致失业率上升。在这样的背景下，企业和个人开始利用互联网平台共享闲置资源（如房间和汽车）以减少损失，共享经济的形式迅速获得了认可。

在中国，共享经济的起步可以追溯到交通领域。2010年，滴滴打车和快的打车的成立标志着中国共享经济的初步形成。2014年，优步进入中国市场，交通领域的共享经济形成了竞争格局。2015年初，滴滴和快的战略合并进一步推动了共享经济的发展。时至今日，随着"互联网+"行动计划和"大众创业、万众创新"政策的推进，共享经济迅速扩展到多个行业，促进了资源的优化配置和社会经济的全面变革，成为现代化经济体系中的重要组成部分。

二、共享经济的内涵

"作为数字时代催生的新经济业态，共享经济的核心形态是所有权与使用权分离，其倡导集约利用、共享发展、遵从以人为本和可持续发展的核心思想。它强调供给侧与需求侧的精准匹配，促进生产服务和消费使用的深度融合，实现效率与公平的高效发展"。[①] 共享经济代表了一种创新的资源配置方式，它依托于现代信息技术，特别是互联网平台，实现资源的整合、分享与高效利用，这种模式突破了传统产权观念中"拥有即使用"的局限，转而强调"使用权"的转移与共享，而物品的所有权保持不变。在共享经济中，"使用而非拥有"成为核心理念，其优势在于简化了共享过程，提高了使用权的利用效率。

共享经济的实践基于一种新的价值观，即"不使用即浪费"，倡导通过租赁而非购买来实现资源的最大化利用，这种模式强调开放性和去中心化，鼓励社会成员之间相互分享暂时未被利用的资源，从而提升整体资源的使用效率。在这一过程中，沟通与共享转变成了一种新型的生产力，对传统经济模式产生了深远的

---

① 钟昌标，施君然. 共享经济助推共同富裕的逻辑、机制与路径 [J]. 云南师范大学学报（哲学社会科学版），2024，56（3）：77.

影响。

作为一种新兴的经济形态,共享经济对资源进行了重新配置和优化,使其发挥出更大的效用。与传统商业模式相比,共享经济以其低成本运营、高资源利用率和简化的供应链环节等特点,更易于获得市场的认可。随着互联网和电子商务的发展,新型支付方式(如支付宝、微信支付等)的普及,为共享经济的兴起提供了便利条件。社交网络的兴起也促进了从虚拟内容到实物共享的转变,开辟了经济发展的新领域。

共享经济的商业模式,从广义上说,它扩展到网络信息平台上对闲置物品的租赁、二手转让等多种经济活动,包括对资产、技能、服务的共享,形成了一种协同生活方式。从狭义上说,是基于互信的陌生人之间物品使用权的暂时性转移,以获取一定报酬为目的。

共享经济的核心目标是提升商品和服务的效用价值。在移动互联网技术成熟之前,实现共享的成本较高,限制了共享经济的发展。然而,随着交易成本的降低和共享平台的建立,用户需求与商业服务之间的衔接变得更加精准,特别是在交通和信息服务领域,用户的服务需求能够得到快速响应,显著提高了商业活动的效率。共享经济模式凭借其低成本、高效率和便捷性,迅速渗透到各个行业,从共享单车到共享汽车,再到共享充电宝和共享雨伞等,不断涌现的共享经济新形态推动了其快速发展。

共享经济与分享经济、租赁经济在概念上有所区别。租赁经济是一种在现代信息技术出现之前,通过租赁行为获得财产使用权的传统商业模式。分享经济则是在移动互联网和物联网发展背景下,传统租赁经济的一种现代演进形式,它在不改变财产所有权的前提下,实现了使用权的转让和分享。共享经济虽然也实现了所有权与使用权的分离,但其使用权的共享是不具有排他性的,允许不同经济主体同时拥有。分享经济侧重提高闲置资源的使用效率并获取经济收益,而共享经济则是通过整合全社会资源,形成的一种新型商业模式。例如,滴滴顺风车和共享单车属于分享经济范畴,而共享经济的商业行为则更多体现为 C2C 模式[1]。

---

[1] C2C 模式,即 Consumer to Consumer 的缩写,指的是消费者与消费者之间的电子商务模式。在这种模式下,个人可以通过 C2C 电子商务网站(平台)直接面向其他消费者开展零售业务,例如,一个消费者可以通过网络将一台电脑出售给另一个消费者,这种交易类型就称为 C2C 电子商务。

互联网平台如苹果 App Store、安卓应用商店、全球定位系统等，为共享经济的发展提供了技术基础和运营环境。网上的打车、酒店预订、美食预订等平台，都是共享经济模式的体现，而提供的车辆服务、美食和酒店住宿服务则是共享经济解决的具体产品或服务。从范围上看，共享经济涵盖了分享经济的范畴。

三、共享经济的应用领域

共享经济作为一种新兴的经济模式，随着互联网技术和移动智能终端设备的普及，逐渐被广泛接受。众多企业纷纷涉足这一领域，探索并占据了市场份额。在中国，共享经济的初期主要集中在"住"与"行"两个方面。随着经济的发展、技术的进步和观念的变革，共享经济的应用已经扩展到多个相关服务领域，包括金融、物流、家政服务、医疗、教育和租赁等。

（一）共享经济在交通领域的应用

交通领域作为共享经济应用的先锋，其发展不仅显著提升了城市交通效率，也对社会经济结构产生了深远的影响。共享经济在交通领域的兴起源于对传统交通模式的反思及技术进步的推动。随着智能手机的普及及移动互联网技术的发展，传统的交通服务模式正经历深刻的变革，尤其是在城市化进程加速的背景下，交通问题成为社会关注的焦点。

共享经济在交通领域的主要应用包括共享汽车、共享自行车以及网约车服务等。这些模式不仅满足了人们日益增长的出行需求，也促进了交通资源的优化配置。以共享汽车为例，这种模式使用户可以根据需要租用汽车，避免了车辆闲置和购车的高成本，从而实现了资源的高效利用。在城市中，共享汽车的普及减少了居民对私家车的依赖，缓解了交通拥堵和停车难题。

共享自行车的兴起则是另一个典型的例子。通过手机应用程序，用户可以方便地找到并租用附近的共享自行车，这种模式在城市短途出行中表现出色，促进了绿色出行。共享自行车的普及不仅改善了城市交通环境，还对城市居民的出行方式产生了积极的影响。

网约车服务的出现则更为革命性。通过移动互联网平台，用户可以随时随地预约车辆，享受便捷的出行服务。网约车不仅提升了出行的便利性，还通过数据分析优化了车辆调度，提高了交通运输的效率。网约车服务的普及也对传统出租车行业产生了挑战，促使传统出租车行业进行改革，提升服务质量和运营效率。

此外，共享经济在交通领域的应用还促进了智能交通系统的发展。通过大数据和人工智能技术，交通管理部门可以实时监控交通流量，预测交通趋势，从而采取有效的措施缓解交通拥堵。共享交通工具的使用数据也为交通规划和管理提供了宝贵的信息，帮助决策者制定更加科学的交通政策。

（二）共享经济在住宿领域的应用

在住宿领域，共享经济的引入改变了传统的住宿模式，提供了更加多样化的选择，满足了消费者对住宿体验的多样化需求。随着互联网技术的发展和消费者生活观念的变化，传统的酒店和宾馆模式逐渐难以满足市场对个性化和灵活住宿服务的需求。共享经济的兴起，为住宿领域注入了新的活力，使得短期租赁成为一种受欢迎的住宿选择。

共享经济在住宿领域的主要应用体现在在线短租平台的发展。一些短租平台，通过互联网将房东和租客直接联系起来，打破了传统酒店的界限。这些平台提供了丰富的住宿选择，从豪华公寓到简易房间，满足了不同消费者的需求。相较于传统酒店，短租房不仅价格更加灵活，还能提供独特的住宿体验，如当地居民的生活方式和文化体验，这些都是传统酒店无法提供的。

在线短租平台的兴起，不仅丰富了住宿选择，还提高了资源的利用效率。许多空置的房间和住宅通过短租平台得到有效利用，减少了资源的浪费。尤其是在旅游旺季和大型活动期间，短租房的出现缓解了传统酒店的住宿压力，使更多的游客能够找到合适的住宿地点。这种模式也为房东提供了额外的收入来源，提升了房产的经济价值。

（三）共享经济在物流领域的应用

物流作为现代经济活动中不可或缺的组成部分，其效率和成本直接影响着整个供应链的运作。共享经济的引入，为物流领域带来了创新的解决方案，通过优化资源配置，提高了物流系统的运作效率，降低了物流成本，实现了物流系统的转型升级。共享经济在物流领域的应用主要体现在共享仓储、共享运输和共享配送等方面。

共享仓储模式通过将闲置的仓储资源提供给有需要的企业，实现了仓储资源的高效利用。在传统的物流模式中，仓储资源往往存在闲置现象，导致资源的浪费。而共享仓储平台则通过互联网技术将仓储资源进行整合，提供给有需要的企业。企业可以根据实际需求灵活选择仓储空间，降低了库存成本，提高了供应链的灵活性。这种模式不仅提升了仓储资源的利用效率，还优化了物流成本结构，使得企业能够更加高效地管理库存。

共享运输模式则通过将运输资源进行共享，实现了运输资源的优化配置。在传统的物流模式中，运输资源的使用往往存在低效现象，导致运输成本的增加。共享运输平台通过整合运输资源，提供给需要运输服务的企业。企业可以根据实际需求选择合适的运输方式和车辆，减少了空车率和运输成本。此外，共享运输平台还可以通过数据分析优化运输路径，提高运输效率，减少碳排放，推动绿色物流的发展。

共享配送模式则主要体现在"最后一公里"配送的优化上。在城市化进程中，"最后一公里"配送成为物流系统中的瓶颈问题。共享配送平台通过整合配送资源，提供给需要配送服务的商家和消费者。这种模式不仅提高了配送效率，还降低了配送成本。共享配送平台可以通过智能调度和数据分析优化配送路径，提高配送服务的质量和效率，满足消费者对及时配送的需求。

第二节 共享经济改变经济发展的方式

一、从扩展产出到优化资源配置

传统经济模式下，经济发展主要依赖于生产能力的提升和物质总量的扩张。具体而言，企业通过增加生产设备、扩大生产线、开设新工厂等手段，提高生产规模，从而实现社会物质供给的增长。例如，建造更多的住房、生产更多的汽车、制造更多的衣物等，这些举措在不断增加物质供给的基础上，旨在提高人们的生活水平和幸福感。然而，这种模式存在一定的局限性，它依赖于持续的资源投入和环境承载力的提升，并且在资源稀缺或环境承载能力有限的情况下，其效果会有所影响。

共享经济的兴起则对传统经济模式提出了挑战。共享经济并不单纯依赖于扩大物质生产或增加资源投入，而是通过优化资源配置、提高现有资源的使用效率来实现经济增长。共享经济的核心在于资源的最大化利用，通过共享平台将闲置资源高效配置给需要的个体。例如，通过共享住宿平台，个人可以将闲置的房间或公寓出租，从而提高住房资源的使用率。同样，共享出行平台，可以让私人汽车在不使用时被其他人租用，从而提高汽车资源的利用效率，这种资源优化配置的模式，不仅使得资源的使用更加灵活，还能有效减少社会总资源的消耗。在不增加物质总供给的前提下，通过提升资源的使用效率，能够使需求得到满足，从而为经济发展开辟了新的路径。这种模式有助于缓解资源紧张的问题，降低环境压力，并为社会带来更多的经济效益和社会价值。

二、从购买和长租到高频短租的变迁

在传统经济模式中，消费者获取商品或服务的方式主要是通过购买或长租。购买通常涉及较高的交易成本和长期的财务负担，而长租尽管能够在一定程度上减少一次性支出的压力，但其总成本依然较高。随着互联网信息技术的快速发展和消费观念的转变，在线短租作为一种新兴的服务方式，逐渐成为市场的热点，并得到了年轻消费者的广泛青睐。

在线短租的兴起主要得益于其能够满足用户的多样化和个性化需求。在这一模式下，用户可以根据实际需求选择短期租赁的服务，从而避免了长期租赁或购买带来的经济负担。短租服务不仅覆盖了传统的住房租赁，还扩展到了租车、共享办公等领域。这种服务模式的出现，极大地丰富了市场上的租赁形式，并且通过减少时间消耗和降低交易成本，使短租成为一种更加灵活和经济实用的选择。例如，在出行方面，传统的租车服务往往需要较长时间的预订和较高的租赁费用，而短租模式则可以按天计算租赁费用，满足了消费者对于短期出行的需求。在共享办公领域，短租办公室为创业者和自由职业者提供了灵活的工作空间，降低了运营成本，提高了工作效率。这种转变不仅改变了消费者的行为模式，也促使了相关行业的发展和市场结构的调整。短租市场的快速崛起催生了一大批新兴的租赁平台，推动了共享经济的进一步发展。这一趋势不仅改变了传统的商业模式，也对未来经济的发展方向产生了深远的影响。

三、由专职向灵活就业的转变

在传统的经济模式中，就业通常以专职为主，劳动者的报酬往往与工作时间的长短直接挂钩，这种模式虽然能够提供稳定的收入和保障，但也存在着人力资源闲置和错位的问题。随着市场经济的发展和人力成本的上升，传统的就业模式逐渐显露出其局限性，尤其是在灵活性和适应性方面。

共享经济的出现，为就业模式的转变提供了新的契机。随着信息技术的迅猛发展和智能设备的普及，传统的雇佣关系和组织结构发生了深刻的变化。灵活就业，即通过兼职、临时工、项目制工作等形式，使劳动者能够以更灵活的方式参与经济活动。这种模式不仅使得劳动者能够根据个人的实际情况选择适合的工作形式，还使得企业能够更高效地配置人力资源，减少了固定用工的成本。

灵活就业的优势在于它能够更好地满足个人的需求和企业的要求。在灵活就业模式下，劳动者可以根据自己的技能、兴趣和时间安排选择不同的工作机会，从而实现工作与生活的平衡。同时，企业可以根据业务需求灵活调整用工规模，减少人力资源的浪费。这种模式不仅提高了劳动市场的灵活性，也促进了经济的创新和发展。

第三节 共享经济的发展动力与商业模式

一、共享经济的发展动力

（一）进行技术创新

共享经济的蓬勃发展离不开技术的持续创新和进步。现代技术，尤其是计算机技术和互联网技术,为共享经济的发展提供了坚实的基础和广阔的平台。技术创新不仅推动了智能设备的普及,也极大地提升了移动应用软件的功能和性能,从而改变了人们的生活方式和经济行为。

技术的进步使得智能设备得到了广泛的普及。智能手机作为信息时代的重要产物,其普及程度在近年来显著提升。智能手机的功能不仅限于通信,还包括互联网接入、应用程序的使用以及各种智能服务的提供,这些功能的综合运用极大地扩展了人们的行动范围和生活方式。智能手机的广泛应用,为共享经济平台的兴起和普及创造了条件,使用户可以随时随地通过移动设备访问共享服务平台,进行资源共享和交易。

除了智能设备的普及,移动应用软件的技术创新也对共享经济的发展起到了关键作用。移动应用程序的种类和功能不断丰富,从最初的简单通信工具发展到如今的支付、社交、购物、出行等多种功能的综合平台。技术的提升不仅提高了应用程序的性能,还增强了用户体验,使得各种共享服务更加便捷和高效。移动支付技术的发展,如即时支付和二维码支付,进一步简化了交易过程,提高了支付的安全性和便利性,为共享经济的交易过程提供了有力的技术支持。

大数据技术的应用是共享经济发展的另一个重要方面。通过大数据分析,平台能够从海量的用户数据中提取有价值的信息,优化资源配置和需求匹配。大数据技术的应用使共享经济能够在P2P模式[①]下,更加精准地整合供需资源,实现信息的有效对接。这种精准的资源匹配不仅提高了服务的效率,也增强了用户的满意度,推动了共享经济模式的进一步发展。

(二)经济发展因素

经济发展的宏观因素对共享经济的兴起和发展具有深远的影响。全球经济的变化,特别是金融危机后的经济环境,对共享经济的形成和发展起到了重要的推动作用。

金融危机以来,全球经济普遍下行,人们的可支配收入降低,生活成本上

[①] P2P(Peer-to-Peer)模式是一种去中心化的网络架构或商业模式,其中参与者("对等方")可以直接进行交互和交易,而不需要通过中介或中央机构。

升。在这种经济环境下,资源的有效利用和成本的节约成为人们关注的重点。共享经济模式通过资源的共享和分摊,能够有效地降低物品或服务的购买成本,满足人们在经济压力下对成本节约的需求。共享经济不仅为个人提供了成本更低的消费选择,也为社会提供了资源更高效的利用方式,从而在经济下行压力中找到了新的增长点。此外,经济发展的另一个重要因素是资本市场的繁荣。在过去几十年中,风险资本的兴起和发展为许多具有创新业务模式的初创公司提供了资金支持,使这些公司能够迅速成长并发展成为成熟的商业模式。共享经济领域的许多成功企业,正是依靠充足的资本支持,迅速扩展业务,改变了传统的商业模式和消费习惯,这些企业通过创新的业务模式和灵活的运营方式,满足了市场对共享服务的需求,并推动了共享经济的快速发展。

另外,经济发展的变化不仅为共享经济提供了广阔的市场空间,也促使了共享经济模式的不断创新和完善。在经济压力和资本市场的双重推动下,共享经济不断拓展新的领域,推出新的服务形式,逐步形成了具有广泛影响力的经济模式。这种模式的成功不仅依赖于技术的支持,也离不开宏观经济环境的变化和资本市场的支持。

(三) 社会文化因素

共享经济的兴起与社会文化因素密不可分。在当代社会,尤其是年青一代对于消费观念的改变,推动了共享经济的发展。传统的消费观念以"拥有"作为主要目标,而现代社会中,越来越多的人开始重视"使用权"而非"拥有权",这种消费观念的转变,使得人们更加倾向于通过共享和租赁的方式来获取资源和服务,而不是完全拥有它们。这种变化反映了人们对物质拥有的需求减弱,对体验和价值的关注增强。在这种文化背景下,共享经济的模式自然得到了广泛的接受和推广。

此外,社会文化的变化也体现在对可持续发展的关注上。在全球环境问题日益严重的背景下,越来越多的人开始关注资源节约和环境保护。共享经济的模式,通过共享和重复使用资源,有效地减少了资源的浪费和环境的负担。这种符合可持续发展理念的消费模式,得到了社会的广泛认可和支持。例如,共享出行模式的普及,不仅减少了车辆的数量,也降低了碳排放,对于环境保护具有积极的影响。

另一个重要的社会文化因素是信任的建立。在共享经济模式下，交易往往发生在陌生人之间，因此信任成为交易的关键。社会文化的变化使得人们对陌生人之间的信任度逐渐提升。例如，互联网技术的发展，使用户可以通过评价系统、信用记录等方式了解服务提供者的信誉，这种透明化的信息系统增加了用户的信任感。信任的建立不仅促进了共享经济平台的发展，也提升了交易的安全性和满意度。

（四）环境保护因素

环境保护是共享经济发展的重要驱动力之一。在全球气候变化和环境污染日益严重的背景下，社会对资源利用效率和环境保护的关注不断加深。共享经济通过提高资源利用效率，减少资源浪费，对环境保护作出积极贡献。例如，汽车共享模式的推广，不仅降低了车辆的使用频率，也减少了交通拥堵和空气污染。这种通过共享减少排放的模式，符合现代社会对环境保护的需求和期望。

此外，共享经济还通过优化资源配置，提高了资源的使用效率。在传统的经济模式中，许多资源在使用过程中处于闲置状态，例如，住房的闲置和工具的闲置。而在共享经济模式下，通过共享和租赁，资源得到了更有效的利用。例如，相关平台通过将闲置的住房资源提供给有需求的用户，既提高了住房资源的使用效率，也为房东带来了经济收益。这种资源的优化配置，不仅减少了资源的浪费，也对环境保护产生了积极的影响。

另一个环境保护因素是社会对环保理念的认同。随着环保意识的提高，越来越多的人开始选择环保的消费方式。共享经济正好迎合了这种环保理念，通过共享和重复使用，减少了资源的消耗和环境的负担。例如，共享单车的推广，不仅为城市交通提供了便利，也减少了私人汽车的使用，从而降低了碳排放。这种符合环保理念的消费方式，得到了社会的广泛支持和推广。

二、共享经济的商业模式

（一）平台取代传统企业

随着全球经济的快速发展和技术的不断进步，传统企业的商业模式正经历着深刻的变革。共享经济作为一种新兴的经济模式，以其独特的商业模式正在重新定义企业的运作方式。在传统经济模式中，企业通常拥有并控制资源，通过销售产品或服务实现盈利。而在共享经济模式下，平台作为中介的角色逐渐取代了传统企业，成为资源配置的核心。

共享经济平台的兴起，颠覆了传统企业商业模式。在这一模式中，企业不再仅仅是资源的拥有者和使用者，而是通过平台的形式，将资源和服务的需求方与供应方进行有效的匹配。平台通过集成现代信息技术、大数据分析以及智能终端计算机技术，实现对闲置资源的重新配置。传统企业的资源管理和运营模式被共享平台的高效、灵活的资源配置模式所取代。

第一，共享经济平台通过整合闲置资源，能够大幅度降低运营成本。在传统企业模式下，企业通常需要承担高额的库存和运营成本。然而，在共享经济模式下，平台通过将闲置资源进行共享和租赁，降低了资源的闲置成本。

第二，共享经济平台的商业模式通过精准的需求匹配，提高了服务的效率和用户的满意度。平台通过大数据分析和智能算法，能够精准地预测和满足用户的需求。相比传统企业的服务模式，平台模式能够实时调整服务内容和资源配置，以适应市场的变化和用户的需求。例如，共享出行平台能够根据实时的交通情况和用户的需求，动态调整车辆的分布和调度，提高了出行效率和用户的满意度。

第三，共享经济平台的商业模式还具有较强的灵活性和适应性。平台不再受限于传统企业的固定资源和业务结构，而是能够根据市场的变化和用户的需求，快速调整运营策略和业务模式，这种灵活性使平台能够迅速响应市场的变化，适应新的业务机会。例如，当某一地区出现新的出行需求时，共享出行平台可以迅速调动资源，满足用户的需求，而不需要进行大规模的资源配置和运营调整。

（二）企业对企业的商业模式

企业对企业（B2B）商业模式是共享经济中的一种重要模式，其中供应方和需求方均为企业。这种模式下，企业通过共享和交换资源，实现了成本的降低和效率的提升。与传统的企业对消费者（B2C）模式相比，B2B模式更加强调企业之间的资源整合和合作，从而实现双赢的效果。

在 B2B 共享经济模式中，供应方和需求方可以通过共享经济平台，进行资源的交换和共享。例如，一家企业可能拥有过剩的生产设备或闲置的办公空间，而另一家企业则可能需要这些资源进行生产或运营。通过 B2B 共享经济平台，这些资源可以被有效地匹配和利用，从而降低了企业的运营成本。供应方通过分享闲置资源获得了额外的收益，而需求方则能够以较低的成本获得所需的资源，实现了成本的节约和运营效率的提升。

B2B 商业模式的优势还体现在对企业运营的优化上。在传统的企业运营模式中，企业往往需要承担高额的固定成本和运营成本。而在 B2B 共享经济模式下，企业可以通过资源共享和外包，将一些非核心的业务交给专业的服务提供商，从而降低了运营成本和管理难度。例如，一些企业可以将 IT 服务、物流服务或其他辅助服务外包给专业的组织，专注于自己的核心业务，提高了运营效率和服务质量。这种模式使企业能够更加专注于自己的核心竞争力，从而在市场中获得更大的竞争优势。

此外，B2B 共享经济模式还能够帮助企业简化资源管理和运营。通过平台化的资源共享和交换，企业可以更加灵活地调配和管理资源。例如，当某一企业在特定时期内面临资源短缺时，通过 B2B 共享平台可以快速获得所需的资源，而无须进行大规模的资源采购和管理。这种灵活的资源管理方式，使企业能够更加迅速地应对市场变化，提高了运营的敏捷性和响应速度。

（三）个体经济的出现——消费商

在现代共享经济的背景下，个体经济的兴起标志着市场结构和商业模式的深刻变革。从新制度经济学的视角来看，市场与企业代表了两种不同的资源配置方式。市场通过价格机制自动调节资源配置，而企业则依赖权威组织来完成资源的配置。然而，随着互联网信息技术的普及与发展，市场组织的交易成本逐渐低于企业内部组织的交易成本，从而导致传统企业边界的收缩，这一变革催生了个体经济的快速崛起，个体经济逐渐取代了传统的雇佣关系，其强调合作与互助，呈现出新的商业模式特征。

移动互联网技术的不断创新推动了个体经济的发展。在这个新兴的市场中，资源的所有权不再集中于单一企业或大型组织，而是分散在市场的各个角落，绝大多数资源的主体变成了个人或小型企业。个体通过共享经济平台，能够实现对闲置或盈余资源的分享和交换。互联网技术的强大连接性，使个体与个体之间能够进行便捷的资源共享，形成了一个无中心的、巨大的、可无限延伸的网络结构。这种结构在推动个体经济发展的同时，也极大地提高了资源配置的效率和公平性。

个体经济的核心特征是"消费商"的出现。在传统经济模式中，个体通常只是消费者的角色，而在共享经济背景下，个体不仅可以消费，还可以通过提供商品或服务获得经济收益。个体经济通过共享平台直接向需求方提供商品或服务，建立了一个更加公平的利益分配体系。个体只要拥有资源或特定的技能，就可以成为商人，从而在市场中发挥重要作用，这种模式改变了传统的生产与消费关系，使得每个个体都可能成为市场的生产者和消费者，实现了市场参与的多元化和灵活化。

个体经济的崛起主要体现在资本分割性较强的服务类行业中。与传统制造业相比，服务类行业的资本需求相对较少，许多服务可以由单个劳动者或小型团队独立提供。例如，个人可以通过提供家教、技能培训、家庭维修等服务来获得收入，而不需要大规模的资本投入。这种以小规模、低资本的方式进行生产的特点，使个体经济能够快速适应市场变化，满足多样化的需求。同时，个体经济还能够通过灵活的工作时间和地点，提供更加个性化的服务，进一步提升了服务的质量和用户的满意度。

此外，个体经济的出现还促进了市场的创新和竞争。在传统经济模式下，市场由大型企业主导，创新和竞争的动力主要来自企业之间的竞争。然而，在个体经济模式下，由于市场参与者的多样化和广泛分布，创新和竞争的驱动力发生了改变。个体经济的参与者通常具有较强的市场敏感性和创新意识，他们能够迅速适应市场需求的变化，提出新的产品和服务。因此，个体经济的兴起不仅丰富了市场的产品和服务种类，也推动了市场的整体创新和发展。

第四节 共享经济发展的有效对策分析

一、制定共享经济的发展战略

共享经济虽然有效提高了社会资源的利用率，一定程度上缓解了资源紧张局面，但共享经济的快速发展带来的问题也越来越多。只有把握共享经济发展的特征，作出顺应共享经济发展规律的战略调整，才能促进共享经济的健康持续发展。

（一）构建多方协同治理机制

共享经济的迅速发展对社会和经济结构产生了深远的影响。为了有效推动共享经济的健康发展，需要制定科学合理的发展战略，构建多方协同治理机制，以实现资源的最优配置和社会效益的最大化。在这一过程中，必须坚持包容审慎的监管原则，探索建立由政府、平台企业、行业协会、资源提供者和消费者共同参与的治理机制，以应对共享经济所面临的复杂挑战和机遇。

第一，政府相关部门在共享经济治理中需要发挥核心作用。地方政府需强化自主权，结合地方实际情况，创新管理模式，并与现有社会治理体系和管理制度紧密衔接，这不仅包括制定和完善行业指导政策，还包括在事中和事后监管中注重有效性和针对性。通过运用云计算、物联网、大数据等现代技术手段，政府能够提高监管的智能化和精准化水平，这需要政府部门加快建设网络交易监管服务平台，实现线上线下一体化管理，从而提升对共享经济的综合监管能力。

第二，平台企业的角色至关重要。平台企业需要加强内部治理，确保运营的规范性和安全性。企业应制定完善的内部规章制度，明确责任分工，强化社会责任担当，确保在经营过程中严格遵守法律法规。同时，平台企业需积极配合政府的监督执法工作，协助解决消费者的权益问题。在处理网络主体资格审查时，平台企业也应严格把关，防止不法行为的发生，保护消费者的合法权益。

第三，行业协会等社会组织在共享经济的发展中也扮演了重要角色，它们应推动制定行业服务标准和自律公约，完善社会监督机制。通过行业协会的努力，可以建立起共享经济领域的自律体系，促进行业的规范化发展。

第四，资源提供者和消费者也应积极参与其中，强化道德约束，实现共享共治。资源提供者需履行信息公示义务，确保提供的资源信息真实可信，而消费者则应依法合规使用共享资源，以促进共享经济的文明发展。

需要注意的是，在明确权责关系方面，需要科学合理地界定平台企业、资源提供者和消费者的权利、责任及义务。应制定明确的追责标准和履责范围，并研究建立平台企业履职尽责与依法获得责任豁免的联动协调机制。这一机制旨在促进行业的规范发展，使得各方能够在明确的责任框架下，推动共享经济的健康运行。平台企业应建立相应的规则，严格执行网络主体资格审查，保护消费者的合法权益，并积极配合政府的监督执法和维权工作。

针对消费者投诉和纠纷的处理机制，平台企业需建立健全投诉处理和纠纷解决机制，鼓励行业组织依法合规探索设立第三方平台，以提供有效的投诉和维权服务。对泄露和滥用用户个人信息等行为应依法严厉打击，以保护消费者的基本权益。同时，加强对分享经济领域涉及的专利、版权、商标等知识产权的保护、创造、运用和服务，鼓励金融机构根据分享经济的需求，创新金融产品和服务，并制定适应分享经济特点的保险政策，利用保险等市场机制保障资源提供者和消费者的合法权益。

（二）大力推进共享平台建设

共享经济的蓬勃发展促使市场对共享平台的建设提出了更高的要求。共享平台作为信息交换和资源配置的关键枢纽，其建设水平直接影响共享经济的效率和发展质量。因此，制定针对共享平台的建设战略，推动平台建设的全面发展，是实现共享经济健康、持续发展的核心任务之一。

第一，需要发挥全国信用信息共享平台、国家企业信用信息公示系统和金融信用信息基础数据库的作用。在共享经济快速发展的背景下，信用信息的共享与透明度显得尤为重要。全国信用信息共享平台、国家企业信用信息公示系统和金融信用信息基础数据库是信用信息管理的核心基础设施，它们在共享经济中的作用不可忽视。这些平台提供了全面、实时的信用数据，帮助各方及时了解企业和个人的信用状况。通过整合来自不同领域的信用信息，这些平台能够为共享经济中的各类交易提供可靠的信用保障，减少信息不对称带来的风险。此外，信用信息共享平台还可以通过建立健全信用评价机制，推动市场参与者的诚信行为，降低违约和欺诈的发生概率。因此，充分发挥这些信用信息平台的作用，不仅有助于规范市场秩序，还能提高共享经济的整体运营效率和信任度。

第二，平台企业应积极利用大数据技术进行监测，结合用户双向评价、第三方认证和信用评级等手段，全面健全相关主体的信用记录。大数据技术在共享经济中的应用，使得平台企业能够实现对用户和服务提供者的精细化管理。通过大数据分析，平台可以实时监测用户行为和交易记录，及时发现潜在的信用风险。用户双向评价机制、第三方认证和信用评级等手段的结合，更进一步完善了信用记录体系。双向评价机制不仅使得服务提供者和用户能够相互评分，还能促进双方的诚信互动。第三方认证提供了客观、公正的信用评价，而信用评级则为用户和平台提供了基于数据的信用参考。这些手段共同作用，可以帮助平台企业构建全面的信用记录，确保交易的安全性和可靠性，提升用户体验，增强平台的市场竞争力。

第三，为了进一步推动共享经济的发展，鼓励和支持具有竞争优势的分享经济平台企业"走出去"，加强国际市场的开拓和对外合作，也是战略制定的重要内容。共享经济的全球化进程是推动行业发展的重要方向。鼓励和支持具有竞争优势的共享经济平台企业"走出去"，不仅能够拓展国际市场，还能提升企业的全球影响力，这些企业在国际市场上可以通过合作与并购的方式，快速进入新市场，获得本地化的资源和渠道。同时，国际市场的拓展也能够为企业带来新的商业机会和增长点，推动技术和管理经验的交流与共享。为了实现这一目标，各国政府和相关机构应制定支持政策，提供市场准入便利和投资保障，帮助企业克服跨国运营中的法律和文化障碍。国际化战略的实施，不仅能够提升企业的全球竞争力，也有助于推动共享经济的全球发展和行业标准的国际化。

第四，推动政府部门数据共享、公共数据资源开放以及公共服务资源的分享，是提升公共服务供给和服务效率的有效手段。政府部门数据共享和公共数据资源开放是提升公共服务供给和服务效率的关键措施。通过推动数据共享，政府可以打破部门间的信息壁垒,实现信息资源的高效利用,这不仅能够提高政府决策的科学性和准确性,还能够为社会公众提供更为便捷和高效的服务。例如,通过开放公共数据资源,企业和个人可以利用这些数据进行创新,开发出更多符合需求的服务和应用。公共服务资源的分享则可以优化资源配置,提高公共服务的覆盖面和质量。政府应积极推进相关政策的实施,建立健全数据共享机制和公共服务平台,从而提升公共服务的整体水平,促进社会的可持续发展。

(三)建立健全科学评价体系

建立和健全科学评价体系是衡量共享经济发展效果的关键步骤。科学评价体系不仅有助于准确评估共享经济在各个方面的贡献,还能为政策制定和优化提供数据支持和决策依据。因此,制定科学合理的统计调查指标和评价指标,创新统计调查方法,推动部门统计信息共享,是确保共享经济健康发展的重要举措。

第一,建立反映共享经济特征的统计调查指标和评价指标,这些指标应涵盖共享经济的各个方面,如市场规模、资源利用效率、用户满意度、社会影响等。通过全面、系统的指标体系,可以对共享经济的各项指标进行科学、准确地评估,为政策制定和调整提供参考。同时,运用大数据等信息技术手段,能够提高统计调查的效率和准确性。大数据技术的应用可以实现对共享经济活动的实时监测和分析,从而为评价体系的完善提供可靠的数据支持。

第二,多渠道收集相关数据并建立数据库是科学评价体系的重要基础。通过部门统计信息共享和数据整合,可以建立起完整、全面的数据库,为科学评估提供充足的数据来源。完善统计核算和科学准确评估共享经济在经济发展、改善民生、促进就业和增加居民收入、扩大国内消费等方面的贡献,是评价体系的核心任务。通过科学的评估方法,可以准确反映共享经济对社会和经济的实际影响,从而为进一步的政策制定和优化提供有力的支持。

二、营造共享经济的发展氛围

(一)转变消费观念

共享经济的兴起不仅是经济模式的革新,更是消费观念的深刻转变。在信息技术迅猛发展的背景下，年青一代消费群体的消费观念也随之发生了显著变化。传统消费模式强调对物品的拥有和占有，而现代消费观则更注重实用性、便利性及资源的优化利用。尤其是在互联网技术的驱动下，这种转变更加明显。

现代消费者，特别是年青一代，逐渐摆脱了对物品所有权的传统观念，转而关注物品的使用价值和实际需求。在这种观念的影响下，许多原本闲置的物品被投入到二手交易市场中，变得有用且富有价值，这种消费方式的核心在于"使用优先"，即对资源的利用优于对资源的拥有，从而最大限度地发挥资源的价值，减少资源浪费。这一理念的推广不仅能够促使消费者更加理性地对待消费问题，还能在社会层面上促进资源的循环利用和环保意识的提升。

为了推动这一消费观念的普及，政府和社会各界可以积极采取措施进行倡导和支持。首先，国家可以通过制定相关政策和开展宣传活动，鼓励消费者树立资源共享和节约使用的理念。其次，社会组织和企业也应积极参与到消费观念的转变过程中，通过提供便捷的共享服务平台和开展有关资源利用的教育活动，促进公众对共享经济的认同和接受；最后，媒体和教育机构也应发挥作用，通过广泛的宣传和教育，进一步提升公众的共享意识和资源利用意识。

通过上述措施，可以有效地转变消费者的传统观念，使之更加适应共享经济的发展需求。在这一过程中，社会各界的共同努力将有助于形成一种全社会参与共享经济的氛围，从而推动共享经济的健康、持续发展。这种观念的转变不仅有利于资源的合理配置和利用，还能够促进社会的可持续发展，提高社会整体的幸福感和满意度。

（二）创设良好的发展环境

共享经济的发展不仅依赖于消费观念的转变，还需要良好的发展环境作为支撑。当前，各地区、各部门必须积极承担起推动共享经济发展的责任，切实加强对共享经济的深入研究，因地制宜地完善发展环境，以创造良好的社会预期和务实推进共享经济的健康快速发展。

第一，"互联网+"行动部际联席会议在共享经济的发展中发挥了重要作用，该会议应进一步加强对共享经济发展的统筹协调和政策解读，确保政策的执行和落实。同时，随着共享经济的发展，条件成熟时可以推动成立分享经济专家咨询委员会，为政府决策提供专业的支持和建议。这一委员会可以汇集各方面的专业知识和经验，帮助政府制定科学合理的发展战略，并在政策执行过程中提供监督和指导。

第二，在创建良好发展环境的过程中，需加强对公共服务资源的优化配置。政府应积极推动公共服务资源的分享和开放，增加公共服务的供给，提高服务效率并降低服务成本。此外，在城乡用地布局和公共基础设施规划建设中，必须充分考虑共享经济的发展需求。这包括为共享经济企业提供必要的用地和基础设施支持，以促进其健康发展。同时，鼓励企业、高校、科研机构等共享人才智力、仪器设备、实验平台和科研成果，推动创新资源与生产能力的共享，也是提升共享经济发展环境质量的有效措施。

（三）构建全社会互信机制

共享经济的发展依赖于基于信任的资源共享机制。信任不仅是共享经济得以实现的基础，也是其持续扩展和发展的核心要素。由于共享经济中资源的使用和交易通常发生在陌生人之间，如何在这种情况下建立和维护信任，成为共享经济发展的关键问题。

构建全社会的互信机制，需要搭建一个可靠的共享平台，该平台应具备控制、公平、透明和公开的特性，通过品牌信任和数据共享平台的信任来推动共享经济的发展。具体而言，平台需要在支付管理、效果评估、客户沟通、保险索赔以及信用系统等方面进行完善。这些措施能够有效保障交易各方的经济权益，并为共享经济的发展奠定坚实的基础。

在共享经济中，信任的建立是双向的。供给方需要相信其提供的资源不会遭到恶意损坏或占有，而需求方则需要相信服务提供者或产品供应者的可靠性和诚信，这种双向信任的建立不仅需要平台的保障和支持，还需通过完善的信用体系来保证双方的安全感。信用体系应包括详细的信用记录、明确的评价机制和有效的纠纷解决途径，从而为双方提供可信赖的交易环境。

缺乏信任将严重阻碍共享经济的发展，使得消费者和资源提供者难以参与到共享经济活动中。因此，建立和维护信任机制是推动共享经济发展的核心任务之一。通过构建安全稳妥的信用体系，建立有效的共享平台，以及加强对交易行为的监管，可以有效促进共享经济的健康发展，扩大其受益范围，享受共享发展的红利。

三、增强共享平台信息安全管理

（一）加大平台应用系统风险分析

在现代共享经济环境中，信息安全管理是保障平台正常运营和用户数据安全的核心环节。共享平台的应用系统涵盖了多种网络信息系统，这些系统不仅包括业务应用平台和数据应用平台，还涉及 Web 平台、FTP 服务器等网络基本服务。由于这些平台和系统广泛依赖 Web 浏览器等通用软件以及商用数据库、中间件等应用开发平台，其固有的安全漏洞和配置不当常常导致系统整体的安全脆弱性。

第一，平台应用系统所面临的风险主要来自通用软件和第三方开发应用程序的安全漏洞。这些程序由于其广泛使用的性质，常成为网络攻击的主要目标。例如，Web 浏览器和中间件中的安全漏洞可能会被黑客利用，导致数据泄露或系统入侵。此外，商用数据库的配置不当也可能导致信息泄露和数据篡改等安全问题。因此，对这些应用系统进行深入的风险分析，识别潜在的安全漏洞和配置问题，是提升信息安全管理水平的前提。

第二，由于科技创新和共享平台的建设涉及广泛的网络覆盖面和大量用户，这些平台常常面临复杂的技术环境和多变的安全威胁。在这种情况下，技术人员的水平差异和设备管理措施的不一致增加了系统的安全风险。为了应对这些挑战，平台需要实施全面的安全建设措施，提高系统对外部风险的抵御能力和对突发事件的响应能力。具体措施包括定期进行系统漏洞扫描，评估系统的安全性，并根据分析结果调整和优化安全策略。这不仅可以帮助发现和修补现有的安全漏洞，还能提升系统对未来威胁的应对能力。

第三，对于平台内部发生的突发安全事件，现有的技术和管理手段往往难以快速准确地响应。这要求平台加强对突发事件的监控和预警机制，提高安全事件响应团队的快速反应能力。建立完善的事件响应流程和应急预案，可以有效减少突发事件对系统的影响，保障平台的稳定运行。同时，通过不断地进行技术更新和管理优化，增强平台对各种安全威胁的适应能力，也是提高信息安全管理水平的重要途径。

（二）构建有效的网络安全评估

网络安全评估是确保共享平台信息安全的重要手段，能够帮助识别潜在的安全风险并制定相应的补救措施。为了构建有效的网络安全评估体系，需要采用双重方案对平台信息进行全面的安全评估。

1. 安装网络安全性扫描分析系统

在现代共享平台的安全管理中，安装网络安全性扫描分析系统是评估网络平台信息安全的基础步骤，这些系统通过应用先进的安全扫描工具，能够对网络系统进行深入而全面的实践性扫描，帮助识别系统中的潜在弱点和漏洞。网络安全性扫描分析系统的主要任务是通过模拟攻击和安全测试评估网络环境的整体安全性，确保系统在面对各种网络威胁时具备足够的防御能力。

（1）安全扫描工具会对网络系统的各个层面进行详细检查，包括操作系统、应用程序、网络配置等关键部分。操作系统的安全性是基础，其配置是否得当、权限设置是否合理直接影响到系统的整体安全。应用程序层面则包括各种业务软件和服务，这些程序常常存在固有的安全漏洞，如未及时修补的安全漏洞、过时的版本等。而网络配置方面，则关注网络设备和防火墙的设置是否符合安全最佳实践，以及网络拓扑结构是否存在安全隐患。通过对这些方面的全面扫描，安全分析系统能够提供的安全态势概览，帮助发现和评估潜在的安全问题。

（2）扫描结果通常会生成详细的报告，报告中列出了系统中存在的各种安全问题，并针对每个问题提供了具体的补救建议。这些建议可能涉及软件更新、配置修改、权限调整等操作。根据扫描报告中的建议进行相应的系统配置和修改，可以有效提升网络的整体安全性。例如，对于发现的漏洞，管理员可以通过更新补丁、调整安全策略或配置防火墙规则来加以修复。此过程不仅能够解决现有的安全问题，还能对潜在的安全风险进行预警，及时采取相应的防范措施，防止潜在的安全威胁成为现实。

（3）网络安全性扫描分析系统还能定期执行扫描任务，实现持续监控和实时更新。随着网络环境和威胁态势的变化，新的安全漏洞和攻击手段不断出现，持续的扫描和更新能确保系统的安全防护措施始终保持在最新状态。这种动态的安全监控机制对维护平台的长期安全至关重要，它能够在威胁演变的过程中，及时调整安全策略和措施，保持系统的稳定性和可靠性。

2. 安装操作系统的安全扫描系统

操作系统安全扫描系统在整体网络安全评估中扮演着重要角色，因为操作系统的安全性直接影响到整个网络的安全架构，这些系统专注于从操作系统层面进行深入的安全评估，以识别系统主机中潜在的安全弱点和配置问题，从而提高系统的整体安全性。

操作系统安全扫描系统的工作流程通常包括对操作系统进行详细的安全检查，分析系统的配置、用户设置以及权限管理等方面。管理员身份的扫描允许系统全面访问操作系统的内部配置，识别出可能的安全问题。例如，系统的配置文件是否存在安全漏洞，用户账户是否设置了强密码，以及是否有多余的权限设置等。这些配置问题可能导致系统的安全性降低，如权限过高的用户可能会不小心或恶意地影响系统的稳定性和安全性。

通过对操作系统的安全状态进行分析，扫描系统能够发现配置不当、权限设置不合理等问题，并提供具体的补救措施。补救措施可能包括调整系统配置、修改用户权限设置、更新操作系统补丁等。这些措施的实施有助于提高系统的安全级别，防止未授权访问和潜在的安全漏洞。

操作系统安全扫描不仅关注操作系统本身，还涉及用户账户的安全管理。用户账户的管理对系统安全至关重要，管理员需要确保所有用户账户的设置符合安全最佳实践，如定期更换密码、限制账户权限等。此外，扫描系统还能检测到操作系统中可能存在的其他安全隐患，如未经授权的程序、潜在的恶意软件等，并提供相应的解决建议。

操作系统的安全扫描与网络安全扫描相辅相成，全面提升了平台的安全防护能力。通过两者的综合应用，能够实现对网络和操作系统层面安全问题的全面覆盖，确保平台在面对各种网络威胁时具备足够的防御能力。总之，安装操作系统的安全扫描系统是提升网络安全的重要措施，它不仅关注系统本身的安全性，还涉及用户管理和系统配置的全面优化，从而为平台的安全运营提供坚实的保障。

第四章

数字经济发展及其规划探索

第一节 数字经济及其特征分析

数字经济是继农业经济、工业经济之后的一种新的经济社会发展形态。"发展数字经济意义重大,是把握新一轮科技革命和产业变革新机遇的战略选择。"[1] 人们对数字经济的认识是一个不断深化的过程。

一、数字经济的重要属性

信息通信技术的迅猛发展,不仅引领了经济社会转型的多元化探索,还深刻挑战了社会各界对数字经济本质属性的共识构建。在此背景下,深入探讨数字经济的重要属性,对于把握其发展规律、指导实践创新具有重要意义。

(一)数字经济:超越传统经济形态的高级阶段

数字经济作为继农业经济、工业经济之后的第三经济形态,其独特之处在于信息成为核心生产要素,具备零边际生成成本、复制无差异性和即时传播等特性,这些特性从根本上颠覆了传统经济中物质与能量的独占性和排他性逻辑。在此基础上,数字经济重塑了生产工具,智能工具及其生态系统取代了传统能量转换工具,成为新的生产力代表。同时,网络基础设施与传统交通基础设施并驾齐驱,共同支撑起了数字经济的运行框架,彰显了数字经济作为更高级经济阶段的鲜明特征。

---

[1] 孙克. 数字经济 [J]. 信息通信技术与政策, 2023 (1): 1.

（二）普惠性：数字经济发展的核心价值追求

数字经济的开放、包容、协作、共享、共赢特性，其核心交集在于普惠性，即确保所有人都能从数字经济的发展中获益。这一特性不仅体现在数字经济带来的财富和福利增长上，更在于其通过时空压缩效应，赋予每个人前所未有的发展自由度，从而促进了人类健康、自由和幸福水平的普遍提升。普惠性不仅是数字经济发展的目标，也是衡量其发展质量的关键指标。

（三）中国经验：数字经济发展的独特性与普适性

中国数字经济的发展路径，既具有鲜明的独特性，也为其他发展中国家提供了宝贵经验。不同于欧美日等发达国家和地区，中国在电子商务、移动支付、分享经济等领域展现出领先态势，成为数字经济创新的先锋。中国的成功实践，特别是其在特定领域的赶超进程、动因、路径和模式，不仅增强了发展中国家的信心，也为它们探索符合自身国情的数字经济发展道路提供了启示。

（四）创新思想：数字经济时代最稀缺的资源

在数字经济时代，信息技术的广泛应用降低了资本的稀缺性，而具备创新精神并能创造新产品、新服务、新商业模式的人才成为市场资源配置中的核心。最具创见的思想，作为信息链条顶端的稀缺资源，其地位超越了传统资本，创新型人才的重要性达到了前所未有的高度。这一转变不仅体现了数字经济对生产要素的回报遵循递增规律，也预示着领先者将持续领先、强者愈强的新竞争格局。

（五）劳动者自主性：数字经济下的个体崛起

数字经济的蓬勃发展，不仅提升了生产效率，也极大地提高了交易效率，推动了分工的不断深化，实现了超级细分工。这一变革不仅进一步提高了经济效益，更重要的是，它极大地增强了劳动者的自主性，使人的天赋得以更充分发挥。劳动者自主性的提升，将深刻改变数字经济的组织和形态，推动组织去中心化，孕育出全新的数字经济生态。

（六）产业融合：数字经济重塑产业边界

在产业层面，数字经济以其强大的渗透力和融合力，正逐步浸润并改变所有产业，导致传统产业边界的模糊化。这一融合过程在不同发展水平的国家中表现出不同的顺序和特征，与中国等传统产业信息化进程紧密相关。数字经济的全面融合，不仅将带来生产方式的根本转变，还将使信息密集度成为衡量产业的重要标准，对全球产业分工格局产生深远影响。

二、数字经济的特征分析

在数字经济时代的背景下，经济发展的动力、结构和机制发生了深刻的变化。数字经济不仅是传统经济模式的延续，更是对经济理论和实践的深刻重塑。

（一）数据成为驱动经济发展的关键生产要素

在数字经济背景下，数据已经超越了传统的生产要素，如劳动、资本和土地等，成为推动经济增长的核心驱动力。数据的这一核心地位可从以下几个方面进行分析。

第一，数据的生成、存储和分析能力极大地提高了经济活动的效率。传统经济模式中，生产力的提升依赖于物质资本和劳动力的增加，而在数字经济中，数据的积累和利用能够显著提升生产效率。例如，企业通过大数据分析可以深入了解市场需求，优化供应链管理，制定精准的营销策略，从而在减少资源浪费的同时提升产品和服务的质量。

第二，数据作为新的生产要素，其特性决定了其独特的价值创造模式。数据的生产与消费不受物理空间限制，其边际成本趋近于零，这使得数据的利用效率极高。在这种模式下，数据的获取和分析能力成为企业竞争力的关键因素。无论是互联网公司还是传统制造业，数据的深度挖掘和智能应用都能够显著提升其市场竞争优势。

第三，数据的共享与开放促进了创新与合作。在开放数据的环境中，不同组织和企业可以共同利用数据资源进行创新，推动新产品和服务的开发。例如，开放数据平台为创业者提供了丰富的数据支持，促进了创业生态系统的发展，提升了社会的整体创新能力。

（二）数字基础设施成为新的基础设施

随着数字经济的兴起，传统基础设施如交通、能源和通信等，逐渐被新的数字基础设施所取代。数字基础设施的建设和发展对经济社会的各个方面产生了深远的影响。

第一，数字基础设施的建设包括网络基础设施、大数据中心、云计算平台等。这些基础设施为数字经济的发展提供了必要的技术支持。例如，5G网络的普及使得高速、低延迟的数据传输成为可能，为物联网、智能制造等新兴应用奠定了坚实的基础。大数据中心的建设则为海量数据的存储和处理提供了强大的计算能力，促进了数据驱动的经济模式落地。

第二，数字基础设施的建设也推动了经济结构的转型。在传统经济中，基础设施建设主要关注交通、能源等物质层面的提升，而在数字经济中，数字基础设施的建设不仅提升了信息传递和数据处理能力，还推动了传统产业的数字化转型。例如，智能物流系统的出现，通过数据的实时分析和优化，提高了物流效率，降低了运输成本，促进了电子商务的快速发展。

第三，数字基础设施的普及促进了社会的数字化和智能化。在数字基础设施的支持下，智能家居、智慧城市等概念逐渐成为现实，提高了居民的生活质量和社会的运行效率。同时，数字基础设施也在教育、医疗等公共服务领域发挥了重要作用，扩大了公共服务的覆盖面和提升了公共服务的质量。

（三）数字素养成为对劳动者和消费者的新要求

在数字经济时代，数字素养已成为劳动者和消费者必须具备的重要能力。这一要求的提出是基于数字技术的广泛应用以及信息化社会对个人能力的不断提升的需求。

第一，劳动者的数字素养直接影响到其在数字经济中的职业竞争力。在数字化转型的背景下，传统的技能和知识往往无法满足新的工作要求。劳动者需要掌握数据分析、编程、数字工具的使用等新技能，以适应不断变化的工作环境。例如，数据科学家、人工智能工程师等新兴职业对技术技能的要求极高，而这些技能的掌握需要劳动者具备一定的数字素养。

第二，消费者的数字素养会影响其在数字经济中的消费体验和决策能力。在信息过载的环境下，消费者需要具备较强的信息筛选和评估能力，以作出明智的消费决策。例如，在电子商务平台上，消费者需要能够辨别商品的真实性和评价的可靠性，这要求其具备一定的数字信息素养。此外，随着智能设备和应用的普及，消费者也需要能够熟练使用各种数字工具，提升个人生活的便利性和质量。

第三，数字素养的提升也有助于促进社会的整体发展。政府和企业应当通过培训和教育，提升劳动者和消费者的数字素养，缩小数字鸿沟，实现社会的公平。例如，开展数字技能培训课程，提高各年龄层次的数字素养，能够有效减少因技术落后带来的社会不平等现象。

（四）人类社会、网络世界和物理世界日益融合

在数字经济时代，人类社会、网络世界和物理世界的融合已经成为不可逆转的趋势。这种融合不仅改变了我们对世界的认识，也深刻影响了社会的各个方面。

第一，网络世界和物理世界的融合体现在智能设备和物联网的普及。通过传感器、智能设备和网络技术的结合，物理世界中的物体变得更加智能化，能够实时感知和反馈信息。例如，智能家居系统可以通过网络连接，实现对家庭环境的远程控制和自动化管理，提升了生活的舒适性和便利性。

第二，人类社会的互动模式也在发生变化。网络世界的兴起打破了地域和时间的限制，人们可以通过社交媒体、在线平台等方式进行实时的互动和沟通。这种互动模式的改变使得信息的传播速度大大加快，同时也对社会关系和文化交流产生了深远的影响。例如，全球化的社交网络使得不同文化背景的人们能够更加紧密地联系在一起，促进了跨文化的交流与理解。

第三，物理世界与网络世界的融合也带来了新的经济模式和商业机会。虚拟现实、增强现实等技术的应用，使得线上和线下的界限变得模糊。例如，在线购

物平台结合虚拟现实技术，能够提供沉浸式的购物体验，改变了传统零售业的经营模式。企业在这种融合背景下，可以通过创新的商业模式和服务，满足消费者不断变化的需求，推动经济的持续增长。

第二节 数字经济时代的重要设施

一、数字经济时代的重要设施——大数据

大数据是继云计算、物联网之后 IT 产业又一次重大技术变革，对现实生活产生了方方面面的影响。

（一）大数据的特性

大数据作为当今信息时代的核心资源，其特性贯穿于数据的采集、存储、处理及应用等各个环节。深入理解大数据的特性，不仅有助于提升数据处理能力，还能推动行业变革，优化决策过程，为社会发展提供新动力。以下从数据量、数据速率、数据复杂性和数据价值四个方面详细论述大数据的主要特性。

第一，数据量方面。在数据量方面，大数据最为直观的特性是其庞大的数据量。现代社会中，各类传感器、智能设备和互联网应用每日生成的数据总量已经远超以往任何时期。根据相关统计，全球数据量呈现出指数级增长，每年以惊人的速度倍增。无论是社交媒体上的海量信息、电子商务平台上的交易数据，还是智能城市中的传感器数据，这些海量数据的背后都蕴含着丰富的信息与知识。随着数据量的不断攀升，传统的数据处理方法和技术已经难以应对，迫使我们不断探索和开发更高效的数据存储和处理技术。

第二，数据速率方面。在数据速率方面，大数据呈现出快速流动和实时处理的特性。数据的生成和传播速度日益加快，实时数据流的处理需求也愈加迫切。在不同时空中流转的数据，要求我们具备快速的数据捕获、传输和处理能力。尤其在金融市场、网络安全监测和智能交通等领域，数据价值的有效时间非常短

暂，需要即时的分析和响应能力。此外，数据速率的提升不仅体现在数据生成和传播速度上，也反映在数据处理和分析的及时性上。只有具备高效的数据处理能力，才能在瞬息万变的环境中抢占先机，做出及时而精准的决策。

第三，数据复杂性方面。在数据复杂性方面，大数据呈现出多样化和复杂化的特性。数据的来源多种多样，数据的形式也多种多样，包括结构化数据、半结构化数据和非结构化数据。结构化数据如数据库中的表格数据，半结构化数据如XML、JSON等格式的数据，非结构化数据则包括文本、图像、视频等。这些不同形式的数据在编码方式、存储格式、应用特征等方面均存在显著差异，给数据的处理和分析带来了巨大的挑战。同时，随着数据种类的不断丰富，半结构化数据和非结构化数据所占比例逐渐增加，对数据的解析和处理提出了更高的要求。

第四，数据价值方面。在数据价值方面，大数据虽然量大，但其价值密度低，数据价值分布极不规律。随着数据规模的增大，隐含在数据中的知识价值也随之增加。然而，这些价值往往深藏在海量数据中，难以被直接挖掘和利用。大数据的价值不仅体现在数据本身，更在于对数据的分析和挖掘。通过对大数据进行深入分析，可以提炼出对决策和预测具有指导意义的知识，为企业和社会创造巨大的经济和社会价值。值得注意的是，大数据还具有个性化、不完备化、价值稀疏和交叉复用等特征。这些特点使得大数据的分析和应用需要更加智能化和精细化。

（二）大数据的常用功能

随着信息技术的迅猛发展和数据资源的爆炸性增长，大数据已经成为各行各业变革的重要推动力。如何将庞大的数据资源转化为可行的解决方案，并实现产品化，成为人们关注的焦点。大数据在实际应用中展现出多种常用功能，为社会和经济的各个领域提供了强大的支持。

第一，追踪。在互联网和物联网的环境下，数据的生成和记录无时无刻不在进行。通过对各种数据的追踪，能够形成真实的历史轨迹，这为许多应用场景奠定了基础。例如，通过追踪消费者的购买行为、支付手段、搜索和浏览历史、位置信息等，可以全面了解消费者的行为习惯，为后续的精准营销奠定基础。此外，在供应链管理中，通过对产品流通环节的追踪，可以实现对库存的实时监控和优化。

第二，识别。在追踪的基础上，通过对数据的定位、比对和筛选，可以实现精准识别。大数据技术在语音识别、图像识别和视频识别等领域展现出强大的优势。例如，通过语音识别技术，可实现智能客服系统的自动应答，提高客户服务效率；通过图像识别技术，可用于安防监控、自动驾驶等领域，提升安全性和便捷性。识别功能使得大数据在丰富可分析内容的同时，得到更为精准的结果，为各类应用奠定了可靠的基础。

第三，画像。通过对同一主体不同数据源的追踪、识别和匹配，可以形成立体的画像，提供更全面的认识。对于企业而言，通过消费者画像，可以精准推送广告和产品，提高营销效果；对于金融机构而言，通过企业画像，可以准确判断其信用和风险状况，优化贷款和投资决策。画像功能不仅在商业领域发挥重要作用，在公共管理和服务领域也同样重要。例如，在健康管理中，通过对个人健康数据的画像，可以实现个性化健康服务，提高医疗效率和服务水平。

第四，预测。通过对历史轨迹、识别结果和画像的分析，可以对未来趋势及事件的重复出现进行预测。当某些指标出现预期变化或超出预期变化时，可以提供提示和预警。例如，在金融市场中，通过对交易数据的分析，可以预测市场趋势，提供投资建议；在公共安全领域，通过对犯罪数据的分析，可以预测犯罪热点，制定预防措施。大数据丰富了预测手段，对建立风险控制模型具有深刻的意义。

第五，匹配。在海量信息中，大数据技术可以通过相关性和接近性等进行筛选和比对，实现精准的匹配。例如，在互联网约车、租房、金融等共享经济模式中，通过大数据的匹配功能，可以高效地实现供需对接，提高资源利用效率。在招聘市场，通过对职位需求和求职者信息的匹配，可以优化招聘流程，提高招聘效果。匹配功能使得大数据在各类共享经济模式中成为不可或缺的基础。

第六，优化。大数据的优化功能通过各种算法对路径、资源等进行优化配置。对于企业而言，通过优化供应链管理、生产流程和服务流程，可以提高服务水平和内部效率；对于公共部门而言，通过优化公共资源的配置，可以节约资源,提高公共服务能力。例如,在物流管理中,通过对配送路径的优化,可以降低运输成本,提高配送效率;在城市管理中,通过对交通流量的优化,可以缓解交通拥堵状况,提升城市运行效率。

(三)大数据平台的能力

大数据平台的能力决定了其在数据管理、存储、处理和应用等方面的效率和效果。以下从数据采集、数据存储、数据处理与计算、数据分析以及数据可视化与应用五个方面探讨大数据平台的能力。

1. 数据采集能力

大数据平台的首要能力是强大的数据采集能力,这是其一切工作的基础。在大数据环境中,数据的来源极为广泛且多样化,包括社交媒体数据(如微信、微博)、互联网公开数据、企业应用程序的埋点数据以及软件系统中的用户注册和交易数据等。这些数据不仅来源广泛,还具有类型多样和体量巨大的特点。因此,一个优秀的大数据平台必须具备高效的数据采集能力,能够迅速、准确地从各种来源中获取数据,并对不同类型的数据进行有效管理和整合,以确保数据的全面性和多样性。这种能力不仅能够保证数据的及时性和准确性,还能为后续的数据处理和分析奠定坚实的基础。

2. 数据存储能力

在完成数据采集之后,紧接着需要解决的是如何存储这些海量数据的问题。不同的业务场景和应用类型对存储的需求各不相同。例如,数据仓库场景通常需要使用关系型数据模型进行存储,以便联机分析处理;而实时数据计算和分布式计算场景则更适合采用非关系型数据模型进行存储;此外,一些海量数据可能需要以文档数据模型的方式进行存储。因此,大数据平台需要具备多样化的存储模型,以满足不同场景的需求。这种多样化的存储能力不仅能够提高数据存储的效率,还能为后续的数据处理和分析提供灵活性和扩展性。

3. 数据处理与计算能力

数据的真正价值在于其应用,而要实现数据的应用,首先需要对数据进行处理和计算。在完成数据的采集和存储后，大数据平台需要具备强大的数据处理与计算能力，以满足各种业务需求。不同的业务场景对数据处理和计算的要求各不相同。例如，对于数据量大而时效性要求不高的场景，可以使用离线批处理方式；而对于对时效性要求高的场景，则需要采用分布式实时计算的方式。因此，一个灵活且可扩展的数据处理和计算能力是大数据平台必须具备的。这种能力不仅能够适应不同业务场景的需求，还能保证数据处理的效率和准确性。

4. 数据分析能力

在数据处理完成后，数据分析便成为大数据平台的重要任务。数据分析的目的在于从海量数据中挖掘出有价值的信息和洞见，从而为决策提供支持。大数据平台需要具备多种数据分析能力，例如，应用机器学习算法对数据进行训练和预测，或者利用多维分析方法对数据进行深度挖掘。这些分析能力能够帮助企业发现潜在的市场机会和风险，提高决策的科学性和准确性。因此，强大的数据分析能力是大数据平台不可或缺的一部分。

5. 数据可视化与应用能力

数据分析的结果如果仅以纯数据形式展示，往往难以被理解和应用。因此，大数据平台还需要具备数据可视化和应用能力。通过数据可视化技术，可以将复杂的数据以直观、易懂的形式展示出来，例如，通过图表、仪表盘等方式。这不仅提高了数据展示的效果，还增强了用户的理解和应用能力。此外，数据的价值最终还是要通过具体的应用来体现。大数据平台需要能够将分析结果转化为实际的业务应用，推动企业的业务发展和创新。例如，通过分析结果优化运营策略、改善产品设计、提升客户体验等。因此，数据可视化与应用能力是大数据平台发挥其真正价值的关键。

二、数字经济时代的重要设施——云计算

经过多年的发展，云计算已经成为目前新兴技术产业中最热门的领域，也成为各方媒体、企业以及高校讨论的重要主题。随着云计算产品、产业基地及政府相关扶持政策的纷纷落地，云计算作为IT行业的新模式已逐渐被政府、企业以及个人所熟知，并作为一种新型的服务逐渐渗透进人们的日常生活和生产工作当

中。"云计算以及相关技术的兴起,是时代发展的必然选择。"① 云计算正在深刻地改变人类生活与生产方式。

(一)云计算的基本特性

云计算作为一种新兴的计算模式,其基本特性在现代信息技术领域中占据了重要地位。这些特性不仅使云计算在业界获得了广泛认可,也引发了学术界对其理论和应用的深入研究。以下详细探讨云计算的基本特性,包括按需自助服务、广泛的网络访问方式、资源池、快速弹性使用、可评测的服务、友好的客户界面、按需配置服务资源、服务质量保证、独立系统以及可扩展性和灵活性,以期全面揭示云计算的核心优势和实现机制。

第一,按需自助服务。按需自助服务是云计算的核心特性之一,它使用户能够根据自身需求自主获取计算资源,而无需直接与服务提供者进行交互。用户通过一个统一的接口,如网页或应用程序,可以随时请求所需的计算资源,例如虚拟机、存储空间或网络带宽。这种自助服务模式大大提高了资源获取的效率,降低了操作复杂性,并且减少了人为干预带来的延迟。客户可以根据业务需求动态调整资源配置,从而优化资源的利用。

第二,广泛的网络访问方式。云计算通过互联网实现了广泛的网络访问方式,使得用户能够通过各种终端设备(如移动电话、个人计算机、平板计算机等)随时随地访问计算资源。这种网络访问的灵活性极大地提高了计算资源的可达性和便捷性,无论用户身处何地,只要具备网络连接,就能够访问到云计算服务。这不仅提升了工作效率,也使得远程办公和移动办公成为可能,从而适应了现代社会对灵活工作方式的需求。

第三,资源池。资源池是云计算中的一个重要概念,它指的是计算资源(包括存储、处理能力、网络带宽等)的集中管理和动态分配。通过资源池,云计算能够实现资源的动态扩展和自动调度,使用户无须关心资源的物理位置或具体配置。这种集中管理和动态分配的方式有效提高了资源的利用率,并且可以在用户

---

① 杜蕊. 云计算技术发展的现状与未来 [J]. 中国信息化, 2021 (4): 43~45.

需求变化时迅速调整资源，确保用户始终能够获得所需的计算结果。

第四，快速弹性使用。云计算的快速弹性使用特性允许用户根据需求迅速地扩展或缩减计算资源。这种弹性特性是通过虚拟化技术和自动化管理系统实现的，使得用户能够在需要时获取大量的计算资源，而在不需要时能够迅速释放这些资源。云计算的这种快速弹性特性疏不仅提高了资源利用效率，还增强了应对突发需求的能力，例如，在业务高峰期或突发事件时，用户可以迅速增加资源以满足需求，从而保持业务的连续性和稳定性。

第五，提供可评测的服务。云计算平台提供了详细的性能指标和资源使用数据，使得服务的质量和资源的利用情况变得透明。用户可以通过这些数据对服务进行评测和分析，从而作出更加明智的资源规划和管理决策。这种可评测的服务特性不仅提升了服务的透明度，还帮助用户识别潜在的问题和优化资源配置，以提升业务运行的效率和效果。

第六，友好的客户界面。云计算的用户界面设计通常以简便和易用为目标。用户无需对复杂的底层技术细节有深入了解，只需通过直观的界面（如 Web 门户或客户端应用）即可访问和管理计算资源。云计算服务提供商通常会提供友好的图形界面，支持简单的操作和配置，使得即使是非技术人员也能轻松使用。这种设计降低了技术门槛，提高了用户的操作体验，并且促使云计算服务的普及和应用。

第七，按需配置服务资源。云计算平台允许用户根据实际需求灵活配置服务资源。用户可以根据自身的业务要求选择合适的计算环境，并且可以根据需要调整资源的配置和规模。这种按需配置的模式不仅优化了资源的使用效率，还满足了用户对个性化服务的需求。用户能够根据业务的发展变化和具体应用场景，动态调整资源配置，以实现最佳的业务支持和运行效果。

第八，服务质量保证。云计算服务提供商通常会通过专业的技术支持和服务协议，确保服务的质量和稳定性。服务质量保证包括对服务可用性、性能和安全性的承诺，并且通常会通过服务水平协议（SLA）来明确定义。这些保证使得用户可以放心使用云计算服务，而无须担心底层基础设施的维护和管理问题，从而能够集中精力于业务的核心部分。

第九，独立系统。云计算作为一个独立的系统，提供了统一的管理和服务界面，用户可以通过单一的平台来管理和配置所有的计算资源。云计算平台的独立性体现在其系统架构的模块化和自动化，使得用户可以不必关注底层硬件或基础设施的变化，只需专注上层的应用和服务。这种独立系统的特性提高了管理的便捷性和系统的可靠性，使得云计算能够更好地支持复杂的业务需求和应用场景。

第十，可扩展性和灵活性。云计算的可扩展性和灵活性是其最重要的特性之一。云计算平台可以根据用户的需求从多个方面进行扩展，包括地理位置、硬件性能、软件配置等。这种扩展能力使得云计算能够支持大规模的用户群体和复杂的应用场景，同时保持高效的性能和稳定性。灵活性则体现在资源配置的动态调整上，用户可以根据业务的发展变化灵活地调整资源配置，以实现持续的业务创新和优化。

（二）云计算的类别划分

云计算作为现代信息技术的一个重要发展方向，其通过网络提供计算资源和服务的模式正在不断演进。根据部署方式和使用模式的不同，云计算可以被划分为公有云、私有云、混合云和社区云四种主要类型。每种类型的云计算都有其独特的特性和应用场景，使得企业和组织可以根据自身的需求选择合适的云服务。

1. 公有云

公有云是指由第三方云服务提供商管理和运营的云计算资源，通过互联网向广大用户提供服务。用户无须购买硬件和软件，只需按需支付服务费用即可使用公有云中的资源。公有云的主要特点包括以下几个方面。

（1）资源共享与灵活性：公有云的资源是由多个用户共同使用的，这种资源共享的模式能够实现高效利用的效果。用户可以根据需求快速配置和部署计算资源，且能够灵活调整资源，以适应业务的变化。这种灵活性使得公有云非常适合需要迅速响应市场变化的应用场景，如在线零售、媒体流服务等。

（2）可扩展性与高性能：公有云服务商通常具备大规模的数据中心和高性能计算设施，可以在用户需求增加时迅速扩展计算资源。此外，许多公有云服务商还提供自动扩展功能，根据实时的负载情况自动调整资源，确保服务的持续可用性和高性能。

（3）成本效益：公有云的规模效应使得服务提供商能够以较低的成本提供高质量的服务。用户可以通过公有云减少硬件投资和维护成本，专注于核心业务。按需付费的模式也帮助用户有效控制IT预算，降低运营成本。

2. 私有云

私有云是指由单一组织内部使用的云计算资源，这些资源可以由组织内部的IT团队或外部的第三方服务提供商管理。私有云的特点包括以下几个方面。

（1）安全性与合规性：私有云能够提供更高的安全性和隐私保护，因为所有资源和数据都在组织的控制之下。企业可以根据自身的安全需求和法规要求，部署适合的安全措施，并确保数据存储和处理符合相关法律法规。

（2）定制化与控制力：私有云允许企业根据自身的业务需求和技术要求，进行定制化硬件和软件配置。这种定制化的能力使得私有云能够提供针对性的解决方案，满足特定业务场景的需求，例如，金融机构对数据处理和存储的严格要求。

（3）性能保障：由于私有云的资源专属于单一组织，企业可以保证计算资源的性能和可靠性，避免因共享资源带来的性能波动。这使得私有云适用于对性能要求较高的业务应用，如大规模数据分析和企业关键业务系统。

3. 混合云

混合云是将公有云和私有云结合起来的一种云计算模式。这种模式能够结合公有云和私有云的优点，提供更灵活的解决方案。混合云的主要特点包括以下几个方面。

（1）灵活性与扩展性：混合云允许企业根据需要在公有云和私有云之间分配资源。当业务需求增加或短期内需要大量计算资源时，企业可以利用公有云的扩展能力；而对于敏感数据和关键业务应用，企业可以选择在私有云中运行，以确保安全性和控制力。

（2）成本优化与风险管理：通过将非核心业务和季节性需求托管在公有云中，企业可以降低私有云的使用成本，同时确保核心业务和敏感数据在私有云中得到保护。这种方式帮助企业在控制成本的同时，减少潜在的安全风险。

(3) 数据和应用的互操作性：混合云模式支持公有云和私有云之间的数据和应用互操作，企业可以在不同环境中灵活移动和管理数据，满足业务连续性和灾难恢复的需求。这种互操作性为企业提供了更大的灵活性和应对复杂业务场景的能力。

4. 社区云

社区云是由一组具有共同需求的组织提供的云计算资源，这些组织通常在特定领域或地区内共享资源。社区云的主要特点包括以下几个方面。

(1) 行业和地域定制化：社区云通常针对特定行业或地域的需求提供定制化的服务。例如，教育机构可以共享资源以支持共同的教育项目，政府机构可以共享资源以满足公共服务需求。这种定制化的服务提高了资源的利用效率和协作性。

(2) 资源共享与成本分摊：社区云允许多个组织共同使用资源，从而降低了每个组织的成本。这种资源共享模式提高了资源的利用率，同时分摊了基础设施和运营成本，适用于资源有限的中小型组织和特定行业的合作项目。

(3) 成员参与与管理：社区云的成员通常共同参与资源的管理和运营，通过协作实现更高效的资源利用。成员可以根据共同的需求和利益，协作制定和执行资源管理策略，提高整体服务质量和资源利用效率。

（三）云计算的商业价值

在当今科技飞速发展的时代，云计算作为一种新兴的计算模式，以其独特的技术优势和经济效益，正在迅速改变着企业的商业模式和业务模式。以下从个性化服务、长尾效应、环保优势等多个方面，深入探讨云计算所带来的商业价值。

1. 云计算的个性化服务

云计算的一个显著特点是其高度的个性化服务能力。由于不同企业在规模、IT建设水平、业务需求等方面的差异，云计算服务提供商能够根据客户的具体需求，提供多种定制化的服务组合。例如，国内的阿里云、腾讯云等云服务提供商，能够为中小企业、大型企业、个人开发者等提供不同层次的云计算服务，从基础设施即服务（IaaS）、平台即服务（PaaS）到软件即服务（SaaS），均能根据客户的实际需要进行灵活配置。

以阿里云的 ECS（Elastic Compute Service）为例，用户可以根据自身的业务需求，自主选择所需的计算资源配置，包括 CPU、内存、存储空间等，并能在实际业务运行过程中，随时进行资源的弹性调整。这种灵活性和可扩展性，使得企业能够在不增加硬件投资的情况下，实现 IT 资源的最优配置，提升业务的敏捷性和加快市场响应速度。

2. 云计算的长尾效应

长尾效应是指在一个足够大的市场中，冷门产品所占据的市场份额可以与热门产品相匹敌甚至超过。云计算通过其低成本的资源调度和高效的资源利用，极大地增强了企业开发新产品和服务的能力，进而实现了长尾效应。

在传统的 IT 架构下，企业需要投入大量的硬件和软件资源来支持新业务的启动，这不仅成本高昂，而且风险较大。而在云计算环境中，企业可以通过按需租用云服务，几乎零成本地启动新业务，并根据业务发展情况灵活调整资源配置。这种模式下，企业不仅能够满足主流市场的需求，还能通过丰富的产品和服务组合，捕捉到众多小众市场的机会，从而实现市场份额的最大化。

3. 云计算的环保优势

随着全球环境问题的日益严重，绿色环保已经成为各行各业关注的焦点。云计算以其高效的资源利用和集中化的管理模式，在降低能源消耗和减少环境污染方面，展现出了显著的优势。

（1）云计算通过虚拟化技术，将多个应用程序运行在同一物理服务器上，极大地提高了服务器的利用率。相比传统的数据中心，云计算中心的服务器数量更少，但性能更强，从而减少了能耗和碳排放。例如，Google、Amazon 等国际云计算巨头，在其数据中心采用了先进的冷却技术和能源管理方案，大幅降低了能耗。

（2）云计算中心的集中化管理，使得资源分配更加高效。例如，云计算中心可以选择在电力资源丰富且成本低廉的地区建设，如接近水电站、风电场等，从而减少电力传输过程中的损耗。此外，通过智能电网技术，云计算中心能够实现能源的智能调度，进一步提升能源使用效率。

综上所述，云计算以其高度的个性化服务、显著的长尾效应和显著的环保优势，正在为企业创造出前所未有的商业价值。云计算不仅改变了传统的 IT 基础设施使用方式，更重要的是，它重塑了企业的商业模式和业务模式，推动了企业向服务经济时代的快速迈进。

三、数字经济时代的重要设施——人工智能

（一）人工智能的概念与意义

人工智能（AI）作为数字经济时代的重要设施，代表了科技进步的前沿和未来发展方向。它不仅改变了传统产业的运作模式，也深刻影响了社会的各个方面。从广义上讲，人工智能是模拟、延伸和扩展人类智能的技术，旨在通过机器学习、自然语言处理和计算机视觉等手段，使计算机系统能够执行通常需要人类智能的任务。

人工智能的核心在于其具备学习、理解、推理和自我修正的能力。通过不断地从大量数据中提取信息，人工智能系统能够识别模式、作出预测并进行决策。与自然智能相比，人工智能不仅在速度和精确度上具有优势，还能够在处理复杂任务时显现出其独特的价值。例如，人工智能可以在短时间内分析海量数据，从中提取有用信息，这一能力远超传统的分析方法。

（二）人工智能技术的发展趋势

1. 机器学习的进步

机器学习作为人工智能的核心组成部分，已经取得了显著进展。机器学习算法不仅提升了计算机的学习和自我优化能力，还在多个领域展现了其强大的应用潜力。例如，在电子商务领域，通过分析用户的历史行为数据，机器学习算法能够精准预测用户的未来需求，从而提供个性化的推荐服务。在金融领域，机器学习被用于预测市场趋势，进行风险管理和反欺诈检测，提升了金融服务的效率和安全性。

机器学习的进步主要体现在算法的优化和数据处理能力的提升上。深度学

习，作为机器学习的一个分支，利用神经网络模型对数据进行层级处理，从而实现更高层次的特征提取和模式识别。这种技术在语音识别、图像处理和自然语言理解等领域的应用尤为广泛，推动了自主无人系统的实际应用，如无人驾驶汽车和智能家居系统。

2. 数据的核心地位

在人工智能技术的发展中，海量数据是不可或缺的支撑要素。随着互联网和数字化技术的发展，全球数据量急剧增加，为人工智能的训练和应用提供了丰富的资源。大数据的有效利用能够显著提升人工智能系统的性能。通过对大量数据的采集、清洗和标注，人工智能系统能够在多种场景下进行深度学习，从而提高预测和决策的准确性。

3. 计算机视觉的应用

计算机视觉技术赋予了机器感知和理解视觉信息的能力。这项技术通过分析图像和视频数据，实现了对物体、场景和行为的识别和理解。计算机视觉在多个领域的应用显著提高了工作效率和精准度。例如，在智能安防系统中，人脸识别技术被广泛应用于门禁系统和监控系统中，提升了安全性和管理效率。

4. 自然语言处理的创新

自然语言处理（NLP）技术使得计算机能够理解和生成自然语言，从而实现人与计算机之间的高效交流。NLP技术在语音识别、机器翻译和文本生成等方面取得了显著进展。例如，语音助手如Siri和Alexa，通过自然语言处理技术能够理解用户的语音指令并提供相应的服务。在金融领域，智能客服机器人通过自然语言处理技术为客户提供服务，提升了服务效率和客户体验。

5. 人工智能开放平台的兴起

近年来，人工智能开放平台的兴起为技术创新和应用推广提供了重要支持。这些平台通过提供开源工具和共享资源，降低了人工智能技术的使用门槛，并促进了技术的广泛应用。开放平台的建设不仅推动了技术的快速发展，也促进了产学研的合作，构建了完整的产业生态。例如，许多企业和研究机构通过开放平台共享人工智能模型和数据，推动了自动驾驶、医疗影像和智能教育等领域的技术进步。

第三节 数字经济发展的规划探索

一、以科学规划激发数字经济发展新动能

数字经济作为当今全球经济的重要驱动力,已成为各国竞争力的重要体现。科学规划在激发数字经济发展新动能方面扮演着关键角色。在数字经济的发展过程中,科学规划不仅能够明确发展目标,还能有效整合资源,优化配置,从而推动经济的高质量发展。

第一,明确发展目标。科学规划首先要明确数字经济的发展目标。这些目标应当包括经济增长、创新能力提升、社会福利改善等方面。通过设定具体的、可量化的目标,可以为数字经济的发展提供明确的方向。具体而言,应结合国家实际情况,设定短期、中期和长期的发展目标,确保每个阶段都有明确的任务和指标。

第二,整合资源。科学规划的另一个关键点在于有效整合资源。数字经济的发展需要大量的资源投入,包括人力资源、资金资源和技术资源等。通过科学规划,可以实现资源的优化配置,避免资源浪费和重复投入。例如,在规划过程中,可以通过政策引导、资金扶持等手段,促进企业、科研机构和政府之间的合作,从而提高资源的利用效率。

第三,优化资源配置。科学规划还应注重资源的优化配置。在数字经济发展过程中,不同地区和行业的发展水平和需求各不相同,因此需要根据实际情况,制定差异化的规划方案。例如,对于经济较为发达的地区,可以重点支持其在高端技术领域的发展;而对于经济欠发达的地区,则应注重基础设施建设和数字技能培训,从而实现区域间的协调发展。

二、数字经济助推高质量发展

数字经济作为经济发展的新引擎,其对高质量发展的推动作用不可忽视。通

过数字技术的创新应用，可以提高生产效率、优化产业结构、促进经济的可持续发展。

第一，提高生产效率。数字技术的应用可以显著提高生产效率。例如，人工智能、大数据、云计算等技术的应用，可以实现生产过程的智能化、自动化和精细化管理，从而大幅度提升生产效率。此外，数字技术还可以优化供应链管理，减少生产过程中的资源浪费和降低成本，从而提高企业的竞争力。

第二，优化产业结构。数字经济的发展可以推动产业结构的优化和升级。通过数字技术的应用，可以推动传统产业向智能制造、数字服务等方向转型升级。例如，在制造业领域，工业互联网的应用可以实现设备的互联互通和智能化管理，提高生产效率和产品质量；在服务业领域，数字技术的应用可以推动服务模式的创新，提高服务水平和客户满意度。

第三，促进经济的可持续发展。数字经济的发展还可以促进经济的可持续发展。通过数字技术的应用，可以推动绿色经济的发展，减少资源消耗和环境污染。例如，通过大数据和人工智能技术，可以实现能源的智能化管理和优化配置，提高能源利用效率；通过数字化平台的建设，可以推动共享经济的发展，减少资源的重复投入和浪费。

三、规划引领融入数字经济发展大局

在数字经济的发展过程中，规划引领作用至关重要。通过科学规划，可以为数字经济的发展提供明确的方向和路径，从而实现与国家整体发展战略的有机结合和协调推进。

第一，制定顶层设计。在规划引领数字经济发展方面，首先要注重顶层设计。通过制定科学合理的顶层设计，可以明确数字经济发展的总体目标和战略布局。例如，可以制定国家层面的数字经济发展规划，明确各地区和各行业的发展方向和重点任务，从而确保数字经济的发展与国家整体发展战略的高度契合。

第二，强化政策支持。规划引领还需要强化政策支持。通过制定和实施一系列有利于数字经济发展的政策措施，可以为数字经济的发展创造良好的环境和条件。例如，可以通过税收优惠、资金扶持、人才引进等政策措施，鼓励企业加大数字技术的研发和应用投入，促进数字经济的快速发展。

第三，加强协调推进。在规划引领数字经济发展过程中，还需要注重各方力量的协调推进。数字经济的发展涉及政府、企业、科研机构等多方面的力量，需要通过科学规划，实现各方力量的有效协调和合作。例如，可以通过建立多方合作机制，推动政府、企业和科研机构之间的协同创新和资源共享，从而提高数字经济的发展效率和水平。

第四节 数字经济的企业战略抉择及发展规划

一、数字经济的企业战略抉择

在全球化与信息技术飞速发展的今天，数字经济已成为推动全球经济转型与升级的关键力量。它以数据资源为核心要素，依托现代信息网络，通过信息通信技术的融合应用，实现了全要素数字化转型，促进了公平与效率的双重提升。面对这一新经济形态，企业如何制定有效的战略抉择，以把握数字经济发展机遇，实现转型升级，成为当前学术研究与实践探索的重要议题。

（一）数字经济背景下的企业战略环境分析

第一，内部环境评估。企业内部环境的评估是制定数字经济战略的基础。这包括对企业现有资源配置、核心能力和基础设施的深入分析，特别是人力资源、技术实力、财务状况等方面。在数字经济时代，企业需重点评估其在数据收集、处理与分析方面的能力，以及数字化转型的技术储备和实施能力。此外，企业文化、组织架构和激励机制的适应性也是内部环境评估的重要内容。

第二，外部环境分析。外部环境分析则聚焦于市场趋势、竞争对手状况、政策法规及行业动态等因素。数字经济时代，市场边界日益模糊，跨界竞争成为常态。因此，企业需密切关注全球及区域数字经济的发展趋势，了解新兴业态和商业模式的变化。同时，对竞争对手的数字化战略进行深入分析，识别其优劣势，为自身战略制定提供参考。此外，政策法规的变化也是影响企业战略抉择的重要因素，企业需确保战略合规性，避免法律风险。

（二）数字经济下企业战略抉择的理论框架

第一，数字化战略定位。企业在数字经济中的战略定位是首要任务。这要求企业明确自身在数字经济生态中的位置和发展目标，制定与自身业务相匹配的数字化战略。数字化战略定位需综合考虑企业内外部环境因素，识别数字化转型的优势和不足，明确转型的重点领域和方向。

第二，数字化能力建设与投资规划。基于战略定位，企业需进行数字化能力评估，识别关键能力短板，并制定有针对性的数字化投资规划。投资规划应明确投资方向、预算和时间表，确保数字化转型的顺利实施。在投资过程中，企业应注重技术创新与投入，通过研发新技术、引进新设备、培养数字化人才等方式，不断提升自身数字化能力。

（三）数字经济下企业战略抉择的实践路径

第一，个性化服务模式创新。数字经济时代，消费者需求日益多样化和个性化。企业需利用大数据、人工智能等技术手段，实现个性化服务模式的创新。通过数据分析洞察市场趋势和消费者需求，企业可以定制化产品和服务，提升客户体验和满意度。个性化服务模式创新不仅有助于增强企业竞争力，还能为企业创造新的盈利增长点。

第二，智能化供应链管理。智能化供应链管理是企业数字化转型的重要领域。通过物联网、云计算等技术手段，企业可以实现供应链管理的智能化升级。智能化供应链管理能够加快供应链的响应速度和提高协同效率，降低运营成本，提升整体竞争力。同时，智能化供应链管理还有助于企业优化资源配置，提高资源利用效率。

第三，智能化生产流程优化。智能化生产是企业数字化转型的关键环节。通过运用先进的信息技术和智能制造技术，企业可以对生产流程进行智能化改造，提高生产效率和产品质量。智能化生产流程优化不仅有助于降低生产成本，还能提升企业的灵活性和创新能力。在数字经济时代，智能化生产已成为企业转型升级的重要方向。

第四，平台化商业模式构建与运营。平台化商业模式是数字经济时代的重要特征之一。企业通过构建平台化商业模式，可以整合内外部资源，推动产业协同和共创共享。平台化商业模式不仅有助于企业拓展市场边界，还能为企业创造新的价值增长点。在平台化商业模式构建与运营过程中，企业需注重数据驱动和用户参与，不断优化平台功能和用户体验，提升平台竞争力。

二、数字经济的企业发展规划

数字经济，作为信息时代的产物，不仅重塑了传统经济活动的运作模式，还催生了前所未有的商业模式与创新路径。企业若要在这一浪潮中稳步前行并实现可持续发展，必须制订一套既前瞻又务实的发展规划，以确保在数字化转型的大潮中占据有利位置。

第一，数字经济背景下的企业战略转型。首先，企业需认识到数字经济的核心在于数据与技术的深度融合。这意味着，企业发展规划应围绕数据资源的积累、分析与利用展开，构建以数据为驱动力的决策体系。企业需投资于大数据、云计算、人工智能等关键技术，提升数据处理能力，从而实现对市场趋势的精准预判与快速响应。同时，技术创新应成为企业战略转型的引擎，不断探索新技术应用场景，如区块链在供应链管理中的应用，或是物联网技术在智能制造中的集成，以此推动业务模式和服务方式的根本性变革。

第二，平台化与生态化的发展路径。在数字经济时代，平台化成为企业扩张的重要策略。通过建立或加入平台生态系统，企业可以更高效地连接用户、供应商及合作伙伴，实现资源共享与价值共创。因此，企业发展规划需考虑如何构建或融入具有竞争力的平台生态系统，利用平台的网络效应促进规模经济与范围经济的双重增长。此外，企业还应注重生态内各参与方的协同进化，通过开放 API 接口、设立开发者社区等方式，激发外部创新，共同推动生态系统繁荣。

第三，个性化与定制化服务的强化。数字经济的另一个显著特征是消费者需求的多元化与个性化。企业需利用大数据分析消费者行为，实施精准营销策略，提供个性化服务与定制化产品，以满足市场需求。这要求企业在发展规划中注重客户关系管理系统的建设与优化，以及灵活的生产制造体系，如采用智能制造技术实现按需生产，缩短产品上市周期，提升客户满意度与忠诚度。

第四，安全性与合规性的重视。随着数字化进程的加速，数据安全与隐私保护成为企业不可忽视的责任。在规划数字经济发展路径时，企业必须建立健全的数据治理机制，确保数据收集、存储、处理及传输的全过程符合相关法律法规要求，如欧盟通用数据保护条例（GDPR）等。同时，加强网络安全防护，防范数据泄露、网络攻击等风险，维护企业形象与客户信任。

第五，持续学习与人才发展。数字经济的快速迭代要求企业具备持续学习的能力。企业应鼓励内部创新文化，建立跨部门的学习与交流机制，促进知识共享与技能提升。同时，注重数字人才的培养与引进，特别是在数据分析、人工智能、网络安全等领域，构建一支适应数字经济时代需求的高素质团队。

第五章

消费经济发展及其消费效应探索

第一节 消费需求与经济发展分析

一、消费需求的具体认知

(一) 消费需求的概念

"所谓需求是指人体和社会生活中所必要的事物在人脑中的反映，它是产生一切消费行为的原动力"。[①] 消费需求是一个多层次、多维度的概念，涉及心理学和经济学两个主要视角。该概念不仅仅是对个人需求的简单反映，还涉及经济条件和社会发展对需求的影响。以下从心理学和经济学两个角度详细论述消费需求的内涵和特征。

1. 从心理学角度看消费需求

从心理学角度来看，消费需求是个人在生理、心理和社会交往中产生的对特定物品或服务的需求的反映。它是驱动消费行为的内在动因。马斯洛的需要层次论对消费需求进行了深入理解。马斯洛将需要分为五个层次：生理需要、安全需要、爱的需要、尊重需要和自我实现需要。每个层次的需要都体现了个体对物质和精神满足的不同追求。生理需要包括基本的生存需要，如食物和水；安全需要涉及对生活稳定性和保护的要求；爱的需要体现了人际交往和归属感；尊重需要关注自我价值和他人认可；自我实现的需要则代表了个体在个人发展和成就方面

[①] 陈颖，连波. 消费经济与消费者行为研究 [M]. 长春：吉林人民出版社，2021：15.

的追求。这一理论说明了消费需求的层次性和复杂性,从最基本的生存需要到高层次的自我实现需要,消费需求随着经济和社会的发展不断演变。恩格斯的观点进一步补充了对消费需要的理解。他将消费需求划分为生存需求、享受需求和发展需求三个层次,认为随着生产力和经济水平的提高,消费者的需求也在不断升级。从最基本的生存需求到追求享受和发展的需求,体现了消费需求的动态变化。这种变化从简单到复杂,从低层次到高层次的趋势,反映了社会经济进步和消费质量的提升。心理学研究指出,消费行为不仅仅是对基本需求的满足,还包括对精神和物质生活的全面提升。人们在满足基本生活需求的基础上,越来越重视生活质量和个人享受,这种趋势与社会经济的发展密切相关。

2. 从经济学角度看消费需求

从经济学的角度来看,消费需求的定义涉及两个方面:消费者在具备货币支付能力情况下的实际需求,以及消费者的支付能力。经济学中的需求不仅仅是对商品或服务的需求,还包括消费者的支付能力和愿望。需求的特点可从以下几个方面来理解。

(1) 需求由实际需要决定,而需求量则受到收入水平的限制。当消费者的收入水平提高时,他们的消费能力增加,从而对更多种类的商品和服务产生需求。然而,这种需求的增加并非无限制,而是受到收入水平的约束。

(2) 商品的价格对需求量有显著影响。经济学中的需求法则指出,商品价格与需求量之间存在反比例关系,即价格越低,需求量通常越大。消费者倾向于在价格降低时增加购买量,而在价格上升时减少购买量。

(3) 收入水平的变化对消费支出有重要影响。收入增加通常会促进消费支出增长,但消费者在收入提高后往往倾向于购买档次更高的商品。收入水平的变化不仅改变了消费支出的总量,也影响了消费者的购买决策和消费偏好。

(4) 替代品的存在也会影响消费需求。如果市场上存在价格较低的替代品,消费者可能会转向这些替代品,从而改变对原有商品的需求。这种替代效应使得价格差异对消费者选择产生了重要影响。

(5) 市场经济的发展对消费需求起到关键作用。在商品经济不发达的情况下,消费者的需求范围较窄,主要集中在基本的生活需求上。然而,随着市场经济的发展、生产和生活资料的丰富，使得消费者的需求通过市场交换得到更好的满足。市场经济的发展促使生产者不断创新和调整产品以满足多样化的消费需求，从而推动了消费市场的繁荣。

(6) 购买能力是需求的基础。实际需求和消费者的欲望之间存在差距，而购买能力则决定了需求的实际表现。消费者的购买能力在一定程度上决定了他们能够实际满足的需求水平。欲望和需求的差距意味着消费者的实际购买行为可能受到经济条件、价格水平和个人收入等多种因素的影响。

（二）消费需求的分类

消费需求的分类可从多个角度进行详细的探讨，以下是按不同维度对消费需求的系统化分析。

1. 按消费目的分类

(1) 生产性消费需求：生产性消费需求主要针对生产过程中的资源配置，涵盖了劳动力、设备及原材料等方面。这种需求的核心在于支持生产活动的顺利进行，从而促进经济的持续发展。例如，企业在生产过程中需要采购各种原材料、机器设备和配置人力资源，这些都是生产性消费需求的体现。生产性消费需求不仅有助于提升生产效率，还有助于技术创新和生产模式的优化，进一步推动经济结构的调整与升级。

(2) 生活性消费需求：生活性消费需求关注个人和家庭的基本生活需求及精神需求。这包括食物、住房、教育、医疗、文化和娱乐等方面。这类需求直接关系到个体的生活质量和幸福感。例如，人们在日常生活中对食物的需求不仅包括基本的营养需求，还涉及食物的多样性和健康性。同时，文化和娱乐需求反映了个体在满足基本生存需求后的精神追求，这对于提高生活满意度和促进社会和谐有重要作用。

(3) 社会性消费需求：社会性消费需求涉及满足社会公共需求的消费活动，包括科研、国防、教育、卫生和基础设施建设等。这些需求旨在提升社会福利和国家实力，是国家和社会发展的重要支撑。例如，政府对科研的投入可以推动技术进步，对教育的投资则有助于提高国民素质和社会整体创新能力。这类需求不仅有助于改善社会公共服务，还在长远中提升国家的综合竞争力。

2. 按消费需求满足的对象分类

（1）个人消费需求：个人消费需求指的是个体消费者的各类消费活动，涵盖食品、服装、医疗服务等方面。这类需求直接反映了个体的生活水平和生活质量。例如，食品消费不仅关系到个体的健康，也涉及饮食习惯和营养均衡。个人消费需求的变化不仅受收入水平的影响，还受到个人偏好和社会风尚的影响，是经济发展和市场变化的重要指标。

（2）社会集团消费需求：社会集团消费需求主要包括公共机构和组织的消费活动，如政府、教育机构和医疗单位的采购。这些需求服务于公共利益和服务质量的提升。例如，教育机构的采购需求包括教科书、教学设备等，这些采购活动旨在提升教育质量和改善教学环境。社会集团消费需求不仅涉及公共服务的质量，还影响到社会资源的配置和公共财政的使用效率。

3. 按消费需求的对象分类

（1）物质消费需求：物质消费需求指对物质生活用品的需求，如食品、住房、交通工具等。这类需求直接关系到个体和家庭的生活保障。例如，住房的需求不仅包括基本的居住空间，还涉及居住环境的舒适性和安全性。物质消费需求的满足是生活保障的基础，对社会稳定和经济增长具有直接影响。

（2）精神消费需求：精神消费需求关注文化、娱乐和教育等方面，体现了对生活质量和自我实现的追求。例如，人们对文化活动和娱乐项目的需求不仅反映了对精神生活的追求，还反映了对个人兴趣和自我提升的关注。精神消费需求的满足有助于丰富个体的生活体验，提高社会的文化素养和创新能力。

4. 按消费需求的实现程度分类

（1）现实消费需求：现实消费需求指当前具有明确意图和支付能力的需求，包括已实现和未实现的需求。这类需求的特点是具体明确，并且已经具备了支付能力和消费意愿。例如，消费者对某一款手机的购买需求是现实消费需求，因为他们已经决定购买并具备支付能力。这种需求的满足直接影响到市场的销售额和经济的即时增长。

（2）潜在消费需求：潜在消费需求指未来可能出现的需求，包括支付能力不足型、消费意识不明确型、新兴科技产品的需求等。潜在消费需求具有很大的发展空间，对市场的发展和企业创新具有推动作用。例如，新兴科技产品的需求可能尚未显现，但随着科技的进步和消费者意识的提升，这些需求将逐渐浮现，推动市场的变化和企业的战略调整。潜在消费需求的挖掘和满足对于市场竞争和经济发展具有重要意义。

综上所述，消费需求的分类涉及目的、对象、实现程度等多个维度，每一类需求都有其独特的特点和影响。在进行市场分析和经济政策制定时，需要综合考虑这些需求的不同类型，以便更好地服务于经济发展和社会进步。

（三）消费需求在社会需求体系中的地位

消费需求在社会需求体系中占据着基础性和核心的地位，它不仅是人类生存与发展的根基，还在社会进步中发挥着至关重要的作用。消费活动作为推动社会进步的基本条件，对社会历史的经济关系产生了深远的影响。消费需求与生产资料的生产和交换构成了社会历史的决定性经济关系，体现了消费需求在社会经济体系中的基础性作用。

首先，消费需求是社会生产活动的启动点。在市场经济体系中，消费需求不仅直接影响生产资料的需求，还决定了企业产品的创新与开发方向。消费者主权地位的确立意味着企业必须密切关注并迅速适应消费需求的变化，以保持在市场竞争中的优势。消费需求的变化不仅引导了生产资源的配置，也促使企业在技术创新和产品开发方面进行相应的调整和优化。由此可见，消费需求在推动经济活动、引导企业生产和创新方面起到了关键的驱动作用。

其次，消费需求在社会主义市场经济中扮演着映射社会生产目的的角色。消费需求不仅反映了人们日益增长的物质和文化需求，还推动了社会生产的革新与生产力的发展。在这一过程中，消费需求的多样化和个性化推动了生产方式和生产内容的不断创新，促使生产力的提高和社会生产结构的优化。消费需求的变化不仅要求生产者不断提高产品质量和丰富产品种类，还促使社会生产从单一的物质满足向更高层次的文化和精神需求转变，从而推动了社会经济的全面进步。

最后，消费需求在国家经济循环中扮演着关键角色。作为经济良性循环的核心要素，消费需求直接影响着生产、分配、交换等各个环节。消费需求的变化会对生产总量和生产结构产生直接影响，进而影响国家经济的健康发展和人民的生活水平。当消费需求增长时，生产活动会随之增加，进而促进经济的增长和就业的增加；反之，消费需求的下降则可能导致生产减少、经济增长放缓、就业压力增大。因此，国家在制定经济政策时，需要充分考虑消费需求的变化，以确保经济的稳定和持续发展。

综上所述，消费需求在社会需求体系中不仅具有基础性的作用，还在社会生产活动的启动点、社会生产目的的映射和国家经济循环中发挥着关键作用。消费需求作为推动社会进步的核心力量，其变化和发展直接影响着经济的各个方面，对社会的稳定和发展具有深远影响。

二、消费需求与经济发展的关系辨析

消费需求与经济发展之间的关系是经济学研究中的核心问题。通过分析社会消费需求对生产力的影响、消费需求与经济发展的关系以及消费需求转变与经济高质量发展的关系，可以深入理解消费需求对经济发展的推动作用及其机制。

首先，社会消费需求对生产力的影响可从两个方面来探讨：引导作用和阻滞作用。消费需求的增长具有显著的引导作用。消费需求的增加推动了生产要素的需求，促进了生产力的形成和供给。在市场经济中，消费需求是生产活动的最终目的，生产的主要目标是满足消费者的需求。因此，消费需求的上升会引导生产者增加投资，扩大生产规模，从而提高生产力水平。同时，消费需求的增长也促使技术进步和生产工艺的改进，以适应不断变化的市场需求。然而，消费需求的不足或增长缓慢也可能对生产力产生阻滞作用。当消费需求不足时，市场上的生产要素和消费品可能出现过剩现象。这种过剩会导致生产力的闲置和资源的浪费，影响经济的整体运行效率。此外，短期内消费需求的波动可能引发消费品价格的剧烈波动或市场萧条，进而对生产活动和经济发展造成负面影响。因此，消费需求的稳定性对于保持生产力的有效利用至关重要。

其次，消费需求与经济发展的关系表现为消费需求作为经济活动的基本动力。生产和经济活动的最终目的是满足消费者的需求，这使得消费需求成为推动经济发展的根本动力。生产活动的规模和方向都受到消费需求的影响。然而，消费需求的实际水平受到货币支付能力的限制，即实际需求是在支付能力范围内的需求。只有当消费者具有足够的支付能力时，需求才能转化为实际的市场需求。因此，货币政策和收入分配政策对消费需求的影响不容忽视。

再次，消费需求可以分为公共消费需求和个人消费需求两大类。公共消费需求涉及对公共物品的消费，如教育、医疗和公共基础设施等，这些需求通常由政府主导并通过财政预算进行调配。而个人消费需求则受个人收入水平的影响，个人的收入水平波动会直接影响其消费总量和消费结构。收入水平提高后，个人消费从基本生活需求逐步转向对非必需品的需求。在这一过程中，个人偏好也发挥了重要作用。收入达到基本生活需求后，消费者会在必需品和非必需品的质量需求上表现出差异。因此，个人偏好的变化和收入水平的波动都会对消费需求的结构产生深远的影响。

最后，消费需求的转变与经济高质量发展密切相关。随着居民收入水平的提升，消费需求结构发生了显著的变化，从满足基本物质需求向追求更高质量的需求转变，这种转变对经济高质量发展提出了新的要求。经济发展不仅需要解决产业结构不合理和资源利用不充分的问题，还需适应消费者对高质量产品和服务的需求。生产方式必须跟上消费者需求的变化，避免生产与消费之间的脱节，从而防止产能过剩和投资回报率的降低。

在高质量发展的背景下，创新和市场效率的提升是关键。企业家需要通过技术创新和业务模式创新来满足消费者的个性化和多样化需求，提升供给体系的适应性。此外，产业结构的转变也是经济高质量发展的重要方面。经济的发展从以工业为主导逐渐转向以服务业为主导，市场资源的配置决定了产业结构的转型。通过企业家的积极作用和供给引领，可以推动产业结构从低端向高端转变，从而解决供需结构性矛盾，实现经济的持续健康发展。

第二节 消费经济要素与常见类型

一、消费经济的构成要素

（一）消费结构

消费结构，作为社会经济活动中的重要组成部分，指的是在一定社会经济条件下，各类消费者（包括个体消费者与社会集团）在消费过程中所选择的不同类型消费资料（物质资料与服务）之间的比例关系。这一概念深刻揭示了消费者在不同生活领域内的支出分配情况，是理解社会经济运行与消费者行为模式的关键维度。

消费结构的表现形式主要分为实物形式与价值形式两大类。实物形式作为消费结构最基础、最直观的表达方式，直接反映了消费者在具体商品和服务上的选择及其数量分布，如食品、衣物、住房、交通、娱乐等。这种分类不仅有助于分析基本生活需求的满足情况，还能深入探讨享受性需求与发展性需求的实现程度，为政策制定者提供生产规划与消费品开发的重要依据。

相比之下，消费结构的价值形式则以货币为单位，量化各类消费资料在总消费支出中的占比，具体表现为各项生活费用的支出结构。这一形式便于从宏观层面把握经济体系中的消费流向与资源配置效率，对于组织消费品生产与流通、维持国民经济运行的实物与价值平衡具有重要意义。尽管实物形式通常决定价值形式，但价格变动、分配机制调整及商品化程度的差异等因素也可能导致两者间出现偏差，需综合分析以全面把握消费结构的动态变化。

1. 消费结构的类型划分

消费结构作为一个复杂多维的概念，可从不同视角进行多层次划分，以揭示其内在逻辑与外在表现。

（1）按日常消费支出分类：消费结构可细分为衣、食、住、用、行等基本生活领域。通过计算各领域消费在总支出中的占比，可以直观反映消费者的生活品质与消费偏好。其中，恩格尔系数作为衡量食物支出占比的关键指标，对于评估生活水平具有显著意义。这一分类方法简洁明了，便于数据收集与分析，是消费结构研究中的基础框架。

（2）按需要层次分类：根据马斯洛需要层次论及恩格斯的消费资料分类法，消费结构可进一步划分为生存资料消费、享受资料消费与发展资料消费三大类。这一分类体系从人的全面发展角度出发，揭示了消费结构随需求层次提升而演变的内在规律。生存资料消费满足基本生理需求；享受资料消费关注物质层面的舒适与愉悦；发展资料消费则侧重于知识、技能与素质的提升。三者之间的比例关系，不仅反映了消费者的生活状态，也映射出特定时期的社会经济发展水平。

（3）按消费品存在形式分类：消费资料可分为实物消费与劳务消费两大类。实物消费涉及具体商品的购买与使用；劳务消费则侧重于通过服务活动满足消费者需求。随着社会经济的发展与服务业的兴起，劳务消费在消费结构中的地位日益凸显，成为衡量生活品质与消费模式变迁的重要标尺。

（4）按消费群体分类：从空间维度出发，消费结构可划分为城镇居民消费结构与农村居民消费结构两大板块。由于城乡经济发展水平、收入水平、基础设施与公共服务等方面的差异，两类消费结构在支出结构、消费习惯与消费偏好上呈现出显著差异。同时，中国东、中、西部地区的消费结构差异也值得关注，对于研究区域经济发展不平衡问题具有重要意义。

2. 消费结构的影响因素

消费结构并非静态不变，而是受到多种因素的动态影响。从微观与宏观两个层面出发，可以全面剖析这些影响因素的作用机制。

（1）微观层面影响因素。

第一，家庭或个人收入与物价水平：收入是消费结构的基础决定因素。收入水平的差异直接导致消费能力与消费偏好的不同，进而影响消费结构的具体形态。高收入群体倾向于增加享受性、发展性与服务性消费支出；而低收入群体则更注重生存性实物消费。此外，物价水平的变化也会影响消费者的购买力与消费选择，间接作用于消费结构。

第二,家庭目标与家庭类型:家庭作为消费决策的基本单位,其目标与类型对消费结构具有重要影响。不同家庭可能因教育理念、社交需求或生活态度等差异而在消费支出上呈现不同特点。例如,"以家庭为中心"的家庭可能更注重子女教育支出;"以事业为中心"的家庭则可能更倾向于社交活动支出。

第三,家庭消费支出功能:家庭消费支出可根据其功能划分为必需生活费用、家庭经营费用与社交炫耀费用三大类。这些不同功能的支出项目在消费结构中的占比变化反映了家庭生命周期阶段与家庭规模的变化趋势。

第四,家庭生命周期与家庭规模:家庭生命周期理论认为家庭在不同阶段具有不同的生活特征与消费需求。家庭规模的小型化趋势也对耐用消费品购买与食品消费等方面产生显著影响。例如,小型家庭可能更倾向于购买小型家电而非大型家具;同时食品消费结构也可能因家庭成员数量减少或增加而发生变化。

第五,家庭或个人投资:部分家庭支出既属于消费范畴又具有投资属性(如教育、保险与耐用消费品购买等)。这些支出项目在提升生活质量的同时也为未来提供了潜在的经济回报。因此,家庭投资行为对消费结构具有深远影响。

(2)宏观层面影响因素。

第一,消费水平:消费水平作为一国经济发展水平的直接反映,对消费结构具有决定性影响。随着消费水平的提升,食品支出比重逐渐下降而耐用消费品、住房、医疗与交通通信等支出比重则有所上升。同时劳务消费支出的增加也体现了消费结构的优化与升级趋势。

第二,产业结构:产业结构与消费结构之间存在密切的互动关系。消费结构的变化引导产业结构调整与升级;而产业结构的优化又为消费结构的升级提供了物质基础。两者之间的良性循环促进了经济体系的持续健康发展。

第三,市场环境因素:市场环境中的福利制度、价格体系调整与消费品市场状况等因素均对消费结构产生重要影响。政府补贴政策可降低特定消费品的支出比重;价格变动则直接影响消费者的购买力与消费选择;而消费品市场的供求关系变化则进一步塑造了消费结构的动态特征。

第四,经济制度因素:经济制度作为社会经济运行的基本框架对消费结构具有深远影响。价格制度、产权制度、投融资制度、劳动就业制度、收入分配制度与社会保障制度等方面的差异均可能导致消费结构的显著差异。制度变迁是推动消费结构演变的重要动力之一。

第五，科学技术：科学技术的发展不仅丰富了产品种类与功能，还提升了产品质量与安全性。这为消费者提供了更多选择空间并促进了消费需求的多元化发展。同时，科技进步还推动了产业升级与结构优化，为消费结构的升级提供了有力支撑。

第六，社会因素：社会因素中的消费观念、人口总量与结构以及社会消费习惯等均对消费结构产生重要影响。时尚潮流、社会攀比心理与人口结构变化等因素均可能导致消费结构的动态调整与演变。

（二）消费方式

消费方式，作为连接消费者与消费对象的桥梁，其核心在于阐述消费需求的满足机制及消费主体与消费客体之间的交互模式。这一过程不仅涉及商品与服务的获取与利用，更深层次地反映了社会经济结构、科技发展水平以及文化价值观念的综合影响。消费方式的内涵可从两个维度进行剖析：一是消费的自然形式，即消费方法与技术手段；二是消费的社会形式，涵盖社会消费关系、消费心理及社会习俗等多个方面。

消费的自然形式，本质上是消费对象自然属性的直接体现，它要求消费者根据消费对象的物理特性及功能需求，采用适宜的工具、手段与方法进行消费。这一过程往往随着科技进步而不断演变，如从手工工具到自动化设备的转变，体现了生产力提升对消费方式的深刻影响。另外，消费的社会形式则更为复杂，它涉及社会结构、经济制度、文化传统及个体心理等多重因素，这些因素相互作用，共同塑造了消费的社会行为规范与价值取向。

1. 消费方式的多元分类

从消费链的宏观与微观视角出发，消费方式可划分为宏观消费方式与微观消费方式两大类。宏观消费方式聚焦于社会整体层面的消费模式，涵盖了生活消费、社会消费及科研生产消费三大领域，是反映社会经济发展水平与文明进步程度的重要指标。不同历史阶段的宏观消费方式各具特色，既体现了时代背景下的生产力状况,也映射出社会制度的深刻烙印。

微观消费方式则侧重于个体或家庭层面的消费实践,直接关联于消费者的收入水平、消费能力及消费观念。在微观层面,消费方式的选择不仅受到经济因素的制约,还深受文化传统、社会习俗及个体心理等多重因素的影响。例如,家庭收入的增长可能促使消费模式向更高层次转型,但传统消费习惯与保守消费观念的惯性力量亦不容忽视。

此外,从消费主体与客体结合的具体方式来看,消费方式还可细分为消费的自然方式(技术方式)与消费的社会方式(社会实现方式)。前者侧重于消费过程中的技术手段与工具选择,后者则关注消费的社会组织形式与消费行为的伦理价值导向。这两种方式相互交织,共同构成了消费方式的完整图谱。

2. 消费方式的影响因素

消费方式的选择与演变受到多重因素的影响与制约,这些因素包括自然条件、传统习惯、职业分工、消费观念以及意识形态等上层建筑。这些因素相互交织、共同作用,形成了复杂多变的消费环境。

(1) 自然条件的基础性作用。自然条件作为消费方式的物质基础与外部环境,对消费方式的选择与演变具有重要影响。地理环境、气候条件以及自然资源分布等因素直接决定了消费品的种类与品质,进而影响了人们的消费习惯与消费模式。例如,不同地区的气候条件与土壤特性决定了农作物的种植结构与产量水平,进而影响了当地居民的饮食结构与消费偏好。

(2) 传统习惯的稳定性影响。传统习惯作为社会文化的重要组成部分,对消费方式的选择与演变具有深远的影响。民族传统、风俗习惯等因素共同塑造了人们的消费观念与消费行为模式。尽管现代社会中经济因素的作用日益凸显,但传统习惯的惯性力量仍不容忽视。许多消费者在追求现代消费体验的同时,仍然保留着对传统消费方式的认同与依赖。

(3) 职业分工的专业化影响。职业分工作为社会经济活动的重要组织形式,对消费方式的选择与演变同样具有显著影响。不同职业背景与知识水平的消费者在选择消费品时往往具有不同的偏好与需求。例如,科技工作者可能更加注重精神文化层面的消费体验,而体力劳动者则可能更加关注物质层面的消费需求。这种职业分工带来的消费差异在一定程度上反映了社会经济结构的多元化特征。

（4）消费观念的导向性作用。消费观念作为消费者在选择与消费过程中的主观意识与价值取向，对消费方式的选择与演变具有导向性作用。随着现代社会的发展与进步，人们的消费观念不断更新与升级，从传统的节俭型消费向现代的多元化、个性化消费转变。这种消费观念的转变不仅促进了消费市场的繁荣与发展，也推动了消费方式的创新与变革。

（5）意识形态等上层建筑的宏观影响。意识形态等上层建筑作为社会文化的核心组成部分，对消费方式的选择与演变具有宏观层面的影响。国家政策、法律法规以及社会价值观念等因素共同塑造了消费行为的规范与导向。例如，国家通过制定收入分配政策与消费政策来引导消费行为的合理性与可持续性；同时，社会价值观念的变化也促进了消费方式的多元化与个性化发展。

（三）消费市场

消费市场是一个涵盖广泛、复杂多样的经济领域，其关键点在于对市场的定义、作用，以及特征的理解与分析。这些要素不仅在理论上具有重要意义，而且在实际应用中对经济决策和政策制定具有指导作用。

1. 消费市场的基本含义

狭义上的消费市场主要包括批发市场、商场和零售店铺等具体的交易场所。在这一范围内，市场是通过实体店面或专门的交易平台实现商品和服务的交换。这些交易场所通过实际的买卖活动，直接满足消费者的物质需求，并在此过程中形成市场价格。这种定义重点关注市场的实际运作和功能，强调了实体存在和直接交易的重要性。

广义上的消费市场则涵盖所有与消费品买卖相关的交换关系，包括物质产品、服务项目以及精神文化产品。在这一视角下，消费市场不仅仅包括传统的物质商品交易，还扩展到服务行业（如教育、医疗、金融服务等）以及精神文化领域（如艺术作品、娱乐节目等）。这种定义更全面地反映了市场的多层次和多维度特征，强调了消费市场的复杂性和广泛性。

2. 消费市场的主要作用

消费市场在现代化经济体系中扮演着重要的角色，其主要作用包括以下两个方面。

（1）满足需求：消费市场作为生产与消费的连接点，承担着满足社会各类物质和文化消费需求的任务。在城市和农村的不同区域，消费市场的存在和发展均对满足基本生活需求以及提升生活质量发挥了关键作用。市场通过提供各种商品和服务，确保了消费者的基本生活需求得到满足，同时也推动了经济的整体发展。

（2）指导行为：消费市场通过价格机制、信息传递等手段，引导消费者的消费行为。价格的变动不仅反映了市场供需关系，还对消费者的购买决策产生直接影响。此外，市场信息的传播有助于提高消费者的认知水平，促进消费选择的理性化。消费市场的这种引导作用，不仅提升了整体消费水平，还具有教育和示范功能，影响着消费者的消费习惯和偏好。

3. 消费市场的特征分析

（1）广泛性与普遍性特征：消费市场在全球范围内普遍存在，涉及个人、家庭及单位等各类消费者的需求。无论是发达国家还是发展中国家，消费市场都是经济活动的重要组成部分。其广泛性体现在市场的无处不在和普遍存在的消费需求上，而普遍性则指市场的存在和作用涵盖了社会的各个层面。

（2）多样性与差异性特征：消费者的需求存在显著差异，这一现象反映了消费市场的多样性和差异性。不同消费者对同一商品或服务的需求因个体差异、文化背景、经济条件等因素而有所不同。这种差异性推动了市场的细分和个性化发展，使得市场上的产品和服务种类繁多，以满足不同消费者的需求。

（3）层次性与发展性特征：消费市场的需求层次由基本生存需求向更高层次的享受型和发展型需求发展。最初，消费者的需求主要集中在满足基本的生存需求，如食品、衣物和住房等。随着经济的发展和社会的进步，消费者的需求逐渐向享受型（如高档消费品、旅游）和发展型（如教育、健康）需求转变，体现了需求的层次性和市场的发展性。

（4）选择性与自主性特征：在消费市场中，消费者享有选择性和自主性。他们可以根据自身的经济条件、偏好和需求，做出购买决策。这种自主性不仅体现了消费者的个体选择权，也反映了市场在满足个体需求方面的灵活性和适应性。市场上的竞争和多样化为消费者提供了丰富的选择空间，使消费行为更具个性化和自由度。

（5）时代性与流行性特征：消费需求受到时代和风尚的影响，市场上的流行性体现在特定时期的共同消费趋势上。随着社会的发展和文化的变迁，某些产品和服务在不同的历史时期会受到广泛的关注和追捧。市场上的流行趋势不仅反映了社会价值观的变化，也体现了消费者对新兴事物的接受度。

（6）连续性与动态性特征：消费市场的需求具有连续性和动态性。需求不会静止不变，而是随着时间的推移和市场环境的变化不断发展和调整。新兴需求的出现和消费者偏好的变化推动了市场的不断创新和进步。市场的动态性反映了经济的活力和社会的进步，也为企业和政策制定者提供了调整和适应的依据。

（四）消费环境

消费环境指的是消费者在进行消费活动时所处的所有相关外部条件的集合。消费环境的定义和作用对于理解消费者行为和市场动态具有重要意义。以下将详细探讨消费环境的组成要素、主要作用、类别划分及其综合影响。

1. 消费环境的组成要素

消费环境的组成要素可分为自然环境、人工物质环境和经济社会文化环境三类。

自然环境包括气候、地理位置等，它们决定了某些商品和服务的生产和消费可能性。例如，温暖的气候适合农业生产，而寒冷的气候则促进了冬季商品的需求。地理位置则影响了物流成本和商品的分布，从而影响了市场的结构和消费者的购买选择。

人工物质环境包括商品生产设施、销售渠道等。这些因素直接影响商品的生产效率和销售情况。先进的生产技术和设施能够提高商品的质量和生产速度，而高效的销售渠道能够提高消费者的购物体验和商品的可及性。例如，电子商务的发展使得消费者能够方便快捷地购买商品，而智能仓储系统则提高了商品配送的效率。

经济社会文化环境则包括经济发展水平、文化背景、社会风俗等因素，这些因素对消费行为具有深远的影响。经济发展水平决定了消费者的购买力和消费水平。文化背景和社会风俗则塑造了消费者的价值观和需求偏好。例如，某些文化中对健康食品的重视可能推动了健康产品市场的增长，而社会风俗中的节庆活动则可能带动相关商品的消费。

2. 消费环境的主要作用

消费环境对消费过程和结果有直接或间接的作用。自然环境的变化，如气候变化、地质灾害等会影响到商品的生产和供应，从而影响消费者的选择和消费模式。人工物质环境的变化，如零售技术的进步、物流系统的完善等，会改变消费者的购买体验和商品的流通方式。经济社会文化环境的变动，如经济周期的波动、社会价值观的转变等，会直接影响消费者的购买力和消费意愿。因此，了解消费环境对于预测消费趋势、制定市场策略至关重要。

3. 消费环境的类别划分

消费环境的分类有助于更精准地分析和理解不同层次的消费需求。按消费需求，可将消费环境划分为生存性消费环境、发展性消费环境和享受性消费环境。生存性消费环境满足消费者的基本生存需求，如食品、水源、住所等，这些是维持生命和健康的基础。发展性消费环境则满足个人的成长和发展的需求，如教育资源、职业培训机会等，这些有助于提高个人的技能和知识水平。享受性消费环境则关注物质和精神层面的享受需求，如自然景观、文化活动、休闲设施等，这些满足了消费者对生活质量和个人兴趣的追求。

按系统划分，消费环境可分为综观消费环境、宏观消费环境、中观消费环境和微观消费环境。综观消费环境涵盖了全球范围的宏观环境，包括政治、经济、文化等因素。这些因素影响到全球市场的总体趋势和国际贸易的动态。宏观消费环境则涉及国家或地区的经济情况、社会保障、收入和消费结构等因素，这些因素对国家或地区的消费模式和市场需求具有决定性作用。中观消费环境关注行业或地区的市场营销、商品生产等情况，这些因素影响到具体行业的竞争状况和市场机会。微观消费环境则分析单个消费者或组织的环境，包括物理环境（硬环境）和非物质因素（软环境）。这类分析有助于理解个体消费者的行为特征和组织的运作模式。

4. 消费环境的综合影响

各个层次和类别的消费环境相互关联，共同影响消费者行为和市场发展。自然环境、人工物质环境和经济社会文化环境的互动作用决定了消费者的实际需求和市场的运作机制。理解消费环境的不同层次和结构，有助于把握消费行为的规律和市场变化的趋势。例如，全球经济形势的变化可能对各国市场产生广泛影响，而具体行业的技术创新则可能引领市场的新趋势。通过综合考虑消费环境的各个要素，可以更准确地预测消费者的需求变化，制定有效的市场策略，优化资源配置，从而促进市场的健康发展。

二、消费经济的常见类型

（一）服务消费

在当代经济体系中，服务消费作为一种独特的消费形式，与商品消费存在显著差异。服务并不以实物形态存在，而是通过劳动的投入提供效用，其涵盖了生产、分配、交换和消费四个环节。这一消费方式旨在满足人们的需求，并可分为生产性消费和生活性消费。

1. 服务消费的实现方式

服务消费的实现方式与其特性紧密相关。首先，服务的定义需要明确：与商品不同，服务并不具备物理形态，而是通过提供某种劳动来实现其功能。例如，音乐服务通过声音形式展现，舞蹈服务通过动作形式呈现，而电影服务则通过画面形式影响观众。服务的消费还可能受到时间或空间的限制，如美容、医疗、信息服务等领域中的服务，都涉及时间和空间的要素。

服务消费的形式与其性质息息相关。服务的提供方式包括但不限于个人服务、公共服务及商业服务等，这些服务的消费可能依赖于具体的时间和空间。例如，美容服务通常需要顾客在特定的地点进行，而信息服务则可以通过互联网随时随地获得。因此，服务的消费方式是多样化的，也受到服务产品特性以及社经济条件的影响,形成了不同的服务消费类型。

2. 服务消费的分类体系

服务消费的分类可以从需求性质和获取方式两个维度来进行。

(1) 根据需求性质,服务消费可分为以下几类。

第一,个人生活性服务:这一类别包括日常生活所需的各类服务,如餐饮、租房、医疗等。这些服务直接满足个人的日常生活需求,具有高度的个性化和便利性。

第二,企业生产性服务:此类服务支持企业的生产活动,包括运输、广告、金融等。生产性服务主要为企业提供必要的支持和保障,促进企业的运作和发展。

第三,社会公共服务:这类服务由政府或公共团体提供,涵盖安全、法律、消防等领域。社会公共服务旨在维护社会秩序和公众利益,对社会整体的稳定和发展具有重要作用。

(2) 从获取方式的角度,服务消费可分为以下三种类型。

第一,商品型服务消费:此类服务通过市场交换获得,消费者通过支付费用获取相应的服务。例如,消费者支付费用购买餐饮服务或医疗服务。

第二,自给型服务消费:这一类型的服务由消费者自身提供,如自制餐食或自行维修设备。这类服务通常不涉及经济交易,更多地依赖于个人的技能和资源。

第三,义务型服务消费:此类服务不需要经济报酬,由社会团体或个人自愿提供。例如,志愿者提供的社区服务或义务消防员的服务。这类服务强调社会责任和个人的道德义务。

3. 服务消费的发展趋势

在分析当前的服务消费趋势时,可观察到以下显著变化。

(1) 商品型服务消费的增加:随着市场经济的发展,商品型服务消费的比例逐渐上升。这一趋势反映了消费者对高质量和专业服务的需求不断增加,市场对服务的规范化和标准化要求也日益提高。

(2) 自给型和义务型服务消费的减少:自给型服务和义务型服务的比重逐渐

减少，这主要由于现代生活节奏加快和对专业服务的依赖增加。消费者越来越倾向于依赖市场提供的专业服务，而非自行提供或接受义务服务。

（3）个人生活服务消费的减少与社会公共服务消费的增加：个人生活服务消费的比重有所下降，而社会公共服务消费的比例却在逐步上升。这一变化表明，社会对公共服务的需求不断增长，政府和公共部门在提供服务方面的角色变得更加重要。

（二）精神文化消费

精神文化消费，作为一种高层次的生活需求满足方式，指的是个体对精神、文化类产品及服务的占有、欣赏、享受和使用行为，旨在满足其精神追求、文化体验及娱乐休闲的需求。这一消费行为不仅根植于具体的文化产品与劳务之上，还深刻地反映了消费者的审美倾向、价值取向及生活态度。精神文化消费的内涵极为丰富，涵盖了从传统的书籍、音乐、戏剧到现代的电子游戏、在线课程、虚拟现实体验等多种形式，它们共同构成了人们精神世界的重要滋养源。

精神文化消费不仅涉及对直接文化产品的消费，如书籍、音像制品、影视作品等，还涵盖了与之相关的文化服务消费，如教育培训、艺术展览、体育健身等，以及支持这些消费行为的辅助工具与设施，如电子设备、文化场馆等。这一过程不仅促进了文化产业的发展，也丰富了社会文化生态，是现代社会文明进步的重要标志。

值得注意的是，精神文化消费与消费文化是两个既有联系又相互区别的概念。消费文化是一个更为宽泛的范畴，它涵盖了物质与精神两个层面的消费现象，并深受消费者心理、价值观念、行为习惯等多重因素影响，体现了一种消费过程中的文化氛围与情调。相比之下，精神文化消费则更为具体，直接指向那些能够满足精神需求、提升文化素养的消费活动。

1. 精神文化消费的类型划分

精神文化消费的多样性决定了其分类方式的多元性，以下从不同维度进行阐述。

(1) 按消费目的分类。

第一，发展型文化消费：旨在促进个人在知识、技能或艺术鉴赏等方面的提升，如参加语言培训、艺术课程等。这类消费往往需要消费者具备一定的专业知识基础，以便更有效地吸收与内化所学内容。

第二，娱乐型文化消费：直接满足消费者的休闲娱乐需求，如观看电影、参与体育赛事等。这类消费形式多样，受众广泛，是精神文化消费中最为普遍的一类。

第三，享受型文化消费：虽同样满足娱乐享受，但更侧重于高品质、高档次的体验，如观赏高端音乐会、收藏珍贵艺术品等。这类消费往往伴随着较高的经济成本，是精神文化消费中的高端形态。

(2) 按地域范围分类。

随着全球化的推进，文化交流日益频繁，精神文化消费的地域界限逐渐模糊。尽管如此，仍可大致分为本地区精神文化消费与外来精神文化消费。前者根植于本土文化传统，后者则源自异国他乡的文化元素。互联网技术的普及进一步打破了地域限制，使得两种消费形态更加融合共生。

(3) 按消费对象形态分类。

第一，产品消费：涉及具体的文化产品，如书籍、音像制品等，这些产品以物质形态存在，可直接购买与拥有。

第二，劳务消费：以文化服务为主要形式，如现场演出、教育培训等，消费者通过购买服务获得精神满足。

第三，文化附加值消费：在消费其他商品或服务时附加获得的精神文化享受，如品牌背后的文化故事、旅游地的历史文化体验等。

2. 精神文化消费的基本特征

(1) 物质与精神的对立统一。精神文化消费与物质消费共同构成了人类消费的两大支柱。前者侧重于满足精神层面的需求，如提升知识水平、陶冶性情、享受艺术美感等；后者则主要关注生存与发展的物质基础。两者既相互独立又紧密相关，共同推动了人类社会的全面发展。

(2) 弹性需求与刚性需求的差异。与物质消费的刚性需求不同，精神文化消费呈现出较大的需求弹性。人们在满足基本生存需求之后，才会进一步追求精神层面的满足。因此，精神文化消费往往受到经济条件、文化背景、个人兴趣等多重因素的影响，表现出较大的波动性和不确定性。

（3）连续性与继承性的体现。精神文化消费具有显著的连续性和继承性。一方面，长期的精神文化消费习惯会逐渐融入人们的日常生活，成为不可或缺的一部分；另一方面，精神文化消费中的价值观念、审美情趣等要素会代代相传，形成深厚的文化底蕴。这种连续性和继承性不仅丰富了人们的精神世界，也促进了社会文化的传承与发展。

（4）效用持久性与非排他性。精神文化消费的效用具有持久性，能够长期影响消费者的思想观念、价值取向和行为方式。与物质消费的即时性效用相比，精神文化消费带来的精神愉悦和文化熏陶往往能够伴随人的一生。同时，精神文化消费还具有非排他性特点，即同一文化产品可以同时满足多个消费者的需求而不产生损耗。这种特性使得精神文化产品具有较高的社会共享价值和经济外部性。

（5）成本效益分析与互联网技术的影响。由于精神文化消费的非排他性特点，其边际成本相对较低。随着互联网技术的普及和发展，精神文化产品得以更广泛地传播和分享，进一步降低了消费成本并扩大了消费群体。这种低成本、高效益的特点使得精神文化消费在现代社会中具有更强的竞争力和吸引力。

（6）文化素质与消费能力的要求。精神文化消费要求消费者具备一定的文化素质和鉴赏能力。这不仅体现在对文化产品的理解和欣赏上，还涉及对文化价值的认同和追求。因此，提高消费者的文化素质成为促进精神文化消费的重要途径。同时，不同层次的精神文化消费也对消费者的经济能力和消费习惯提出了不同的要求。

（7）效用量化的困难与挑战。由于精神文化消费的效用具有主观性和难以量化的特点，使得对其效用水平的衡量变得尤为困难。不同消费者在同一文化产品上的效用感受可能存在巨大差异，甚至同一消费者在不同时间、不同情境下的效用感受也可能大相径庭。这种效用量化的困难性要求我们在评估精神文化消费价值时采取更加灵活和多元的方法。

（8）需求更新速度与市场动态。精神文化消费的需求更新速度较快，受到多种因素的影响和制约。随着社会经济发展、科技进步以及消费者偏好的变化，精神文化产品必须不断创新以满足市场需求。这种快速更新的需求特点促使文化产业不断推陈出新、追求卓越，同时也给市场带来了更多的机遇和挑战。

(9) 推动现代经济发展的重要力量。作为现代经济的重要组成部分，精神文化消费在推动经济发展方面发挥着不可替代的作用。与物质消费相比，精神文化消费具有更大的增长潜力和发展空间。随着人们收入水平的提高和消费观念的转变，精神文化消费将成为未来经济增长的重要动力源泉。同时，精神文化消费还通过提升人力资本、促进文化创新等途径为经济发展注入新的活力。

综上所述，精神文化消费作为现代社会中不可或缺的一部分，具有丰富的内涵和多样的特征。它不仅满足了人们的精神需求和文化追求，还推动了文化产业的繁荣和社会经济的发展。因此，我们应该高度重视精神文化消费的发展状况和未来趋势，积极引导和促进其健康有序地成长壮大。

(三) 信息消费

信息消费，是指将信息产品和信息服务作为消费对象的经济行为。其覆盖范围广泛，囊括了生产型、生活型和管理型信息消费。在当代社会，信息消费不仅包括对信息产品的直接消费，如智能手机、电脑等硬件设备，还涵盖了信息服务的使用，如网络新闻、影视作品、在线教育等。信息消费的多样性和广泛性，反映了其在现代经济生活中的重要地位。生产型信息消费主要涉及企业在生产过程中对信息技术和信息资源的利用，旨在提高生产效率和竞争力。生活型信息消费则包括个人日常生活中对信息产品和服务的需求，如在线购物、社交媒体使用等。管理型信息消费则是指政府和各级企事业单位在管理和运营过程中对信息资源的使用，以提高管理效能和服务水平。

1. 信息消费的构成要素

信息消费由多个要素构成，这些要素共同作用，形成了完整的信息消费体系。首先是消费主体，包括自然人和法人。自然人即个体消费者，他们是信息消费的主要推动力和最终受益者。而法人则包括政府和各级企事业单位，它们通过采购和使用信息产品和服务，实现管理优化和业务创新。其次是消费对象，这可以是物理产品，如手机、电脑等，也可以是精神服务，如网络新闻、影视作品、在线教育等。这些消费对象满足了消费者在物质和精神层面的需求。最后是消费环境与工具，包括自然环境和社会因素。信息消费不仅受技术环境的影响，如网络通信基础设施、信息安全等，还受社会文化、政策法规等因素的制约。信息消费的工具则涵盖了网络通信、广播宣传、教育传播、文献信息等多个方面。

2. 信息消费的基本特征

信息消费具有以下基本特征，这些特征使其与传统消费行为有所不同。

（1）共享性特征。信息消费的首要特征是其共享性。信息产品在使用过程中不会出现物理上的磨损或消耗，这意味着信息可以被多次使用，而不影响其质量或价值。与传统的物质消费品相比，信息产品的复制成本极低，几乎为零。这种低复制成本使信息产品具有广泛传播和使用的潜力，从而形成了所谓的网络效应。网络效应是指随着使用该信息产品的用户数量增加，产品本身的价值也随之提升。比如，社交媒体平台上的用户越多，该平台的价值就越大，因为用户可以获得更多的社交连接和信息交流机会。这种共享性不仅提高了信息消费的规模和效率，也为信息产品带来了更多的市场价值。

（2）参与性特征。信息消费的另一重要特征是其参与性。信息网络的普及使得消费者的需求可以迅速传递给生产者，减少了信息传递过程中的障碍和延迟。这种快速的反馈机制有助于降低存货积压的风险，因为生产者可以根据消费者的需求调整生产计划和产品设计，从而实现精准供应。此外，信息网络还促进了消费者与生产者之间的共同创新。通过在线平台和社交媒体，消费者可以直接参与到产品的开发和改进过程中，提出自己的意见和建议，从而提升了产品的用户体验和市场竞争力。信息消费的参与性不仅增强了消费者的主动性和满意度，也推动了市场的快速响应和动态调整。

（3）增值性特征。信息消费的增值性是其最为独有的特征之一。信息具有累积性和非消耗性，这意味着在信息消费过程中，信息不仅不会减少，反而会不断增加和创新。例如，互联网的普及使得信息的生成和传播速度大幅提升，信息的种类和数量也在迅速增长。信息的累积性使得信息消费具有持续升级和发展的潜力，不存在传统消费品那样的过剩问题。相反，随着信息技术的发展，信息消费不断催生出新的消费形式和市场机会。例如，在线教育、虚拟现实和人工智能等新兴领域的快速发展，正是信息消费增值性的具体体现。信息消费的增值性不仅拓展了消费者的选择范围，也为市场创造了无限的可能性。

总体而言，信息消费作为现代经济的重要组成部分，其定义与覆盖范围、构成要素及基本特征，决定了它在推动经济发展、提升社会效率、提高人们生活质量方面的巨大潜力和广阔前景。

第三节 消费者行为特征及影响因素

一、消费者行为的特征解读

在当今复杂多变的市场环境中，消费者行为呈现出多样化与个性化的特征。了解并解读这些特征，对于企业和市场营销人员来说至关重要。消费者的行为不仅影响着企业的产品设计和市场策略，还直接关系到企业的生存与发展。

（一）需求的多样性特征

消费者需求的多样性是市场多样化的基础。不同的消费者在年龄、性别、收入、教育背景、生活方式和价值观等方面存在差异，导致他们的需求也各不相同。需求的多样性主要体现在以下方面。

1. 个性化需求

个性化需求是现代消费者行为的重要特征之一。随着生活水平的提高和消费观念的转变，消费者越来越注重个性化和差异化的产品和服务。他们希望所购买的商品或服务能够体现自己的独特品位和个性，满足自我表达和身份认同的需求。例如，在购买服装时，消费者不再满足于传统的款式和颜色，而是希望通过独特的服饰搭配展示自己的个性和风格。

为了满足消费者的个性化需求，企业需要采取定制化生产和服务策略，提供多样化的产品选择和个性化的定制服务。例如，一些服装品牌推出了定制化服务，让消费者可以根据自己的喜好和需求设计服装，满足了他们对个性化的追求。

2. 多样化需求

消费者的需求不仅仅限于基本的生活需求，还涵盖了娱乐、休闲、社交等多个方面。例如，在旅游市场上，消费者可能追求不同的旅游体验，如探险、文化、度假等。这种需求的多样化要求企业不断创新和调整产品策略，以满足消费者的不同需求。

多样化需求的满足不仅依靠产品本身的多样化，还需要企业在服务、营销等方面进行创新。例如，一些旅游公司推出了主题旅游项目，如美食之旅、摄影之旅等，以满足消费者对不同旅游体验的需求。

3. 情感化需求

情感化需求是指消费者在购买和使用商品或服务时，不仅关注其功能和质量，还注重其带来的情感体验。例如，某些品牌的忠实用户可能因其情感连接而持续选择该品牌。这种情感连接可能与品牌的历史、文化、价值观或者与消费者的个人经历相关。

企业需要通过品牌故事、广告等手段，与消费者建立情感共鸣，增强品牌忠诚度。例如，一些品牌通过讲述创始人的故事、品牌的发展历程或者传递特定的价值观，与消费者建立情感上的联系，从而增强品牌的吸引力和忠诚度。

（二）购买决策的复杂性特征

消费者的购买决策是一个复杂的过程，涉及多个环节和多种因素。了解这一过程有助于企业制定更有效的营销策略。购买决策的复杂性主要体现在以下方面。

1. 信息收集

在购买前，消费者通常会通过各种渠道收集相关信息，包括产品性能、价格、用户评价等。互联网和社交媒体的普及使得信息搜集变得更加便捷和广泛。消费者可以通过搜索引擎、社交媒体、电商平台等多种渠道获取产品信息，进行比较和评估。

企业需要优化信息传播渠道，确保消费者能够方便地获取到准确和有利的信息。例如，企业可以通过官方网站、社交媒体平台、电商平台等多种渠道发布产品信息，提供详细的产品介绍、用户评价和使用教程，帮助消费者更好地了解产品。

2. 比较和评估

消费者会根据收集到的信息对不同品牌和产品进行比较和评估。这一过程可能涉及产品的质量、价格、品牌信誉、售后服务等多个方面。消费者会综合考虑各种因素，选择性价比最高、最符合自己需求的产品。

企业需要在这些方面综合表现优秀，才能在竞争中脱颖而出。例如，企业可以通过提高产品质量、优化售后服务、加强品牌宣传等手段，提升消费者对企业的信任度和认可度，从而在竞争中占据优势。

3. 购买决策

最终的购买决策可能受到多种因素的影响，包括个人喜好、经济能力、社会认同等。消费者在购买时会综合考虑自己的需求和实际情况，作出最符合自己利益的决策。

企业需要通过市场调研和数据分析，了解消费者的购买动机和偏好，制定有针对性的营销策略。例如，企业可以通过市场调研了解消费者的购买意愿和偏好，推出符合消费者需求的产品和服务，提高市场占有率和销售额。

4. 购后行为

购后行为也是购买决策过程的一部分，包括消费者的满意度、使用体验和后续购买意愿。消费者在购买后会对产品进行评价和反馈，这些反馈会影响企业的品牌形象和市场口碑。

企业需要关注消费者的反馈，及时改进产品和服务，提升消费者的整体满意度。例如，企业可以通过用户调查、售后服务等方式了解消费者的使用体验和反馈意见，及时改进产品和服务质量，提高消费者满意度和忠诚度。

（三）消费行为的动态性特征

消费行为不是一成不变的，而是随着时间和情境的变化进行动态调整。企业需要密切关注消费行为的变化趋势，灵活应对市场的变化。消费行为的动态性主要体现在以下方面。

1. 时尚和潮流的影响

时尚和潮流对消费者的购买行为具有显著影响。随着流行文化的变迁，消费者的偏好也会发生变化。例如，在服装领域，每年的流行款式和颜色都会发生变化，消费者会根据自己的喜好和时尚趋势选择服装。

企业需要紧跟时尚潮流，推出符合消费者当前喜好的产品，以吸引年轻消费群体。例如，一些服装品牌会定期推出新款式和颜色，与时尚潮流保持同步，吸引年轻消费者的关注和购买。

2. 技术进步的驱动

技术进步不断改变着消费者的生活方式和消费习惯。例如，智能手机的普及使得移动支付和线上购物变得更加便捷。消费者可以通过手机随时随地进行购物、支付和社交等活动，这种便捷性极大地改变了消费者的购买行为。

企业需要积极拥抱新技术，利用科技手段提升消费者体验，开拓新的市场机会。例如，一些电商平台通过引入人工智能、大数据分析等技术手段，为消费者提供更加个性化、便捷的购物体验，提高了市场竞争力。

3. 经济环境的变化

经济环境的变化也会影响消费者的购买力和消费意愿。在经济不景气时，消费者可能更加注重性价比，减少非必需品的购买。而在经济繁荣时，消费者可能更加愿意购买高端、奢侈的产品和服务。

企业需要根据经济环境的变化，调整产品定价和市场策略，以保持竞争力。例如，在经济不景气时，企业可以通过降价、促销等手段吸引消费者购买；而在经济繁荣时，企业可以推出高端、奢华的产品和服务，满足消费者对品质和品位的需求。

二、消费者行为的影响因素

消费者行为是市场营销研究中的重要领域，理解其影响因素对于企业制定有效的营销策略至关重要。在消费者行为中，经济文化因素、家庭环境因素、口碑传播与创新扩散因素以及情境和商店环境因素都起到了关键作用。

（一）经济文化因素

经济文化因素是影响消费者行为的基础因素之一。经济因素主要包括消费者的收入水平、消费能力以及整体经济状况。收入水平决定了消费者的购买力和消费偏好，收入较高的消费者往往更加注重产品的品质和品牌，而收入较低的消费者则更关注产品的价格和实用性。

文化因素则涉及消费者的价值观、信仰、习惯等。不同的文化背景会影响消费者的消费动机和行为。例如，在注重家庭和谐的文化中，消费者可能更倾向于购买家庭用品和与家人共享的产品。而在崇尚个性和独立的文化中，消费者可能更愿意购买能够彰显个性的产品。文化差异还会影响消费者对广告的接受度和品牌的忠诚度，因此企业在制定营销策略时必须考虑目标市场的文化特点。

（二）家庭环境因素

家庭环境是影响消费者行为的重要社会因素。家庭结构、家庭成员的角色分工和家庭生命周期都会对消费者的决策产生影响。家庭结构包括家庭的大小、成员的年龄和性别分布等，这些因素会影响家庭的购买决策和消费模式。

家庭成员的角色分工也会影响购买行为。在许多家庭中，家庭的主要收入者往往对大额消费决策有较大影响，而家庭主妇可能在日常生活用品的购买中起主导作用。家庭生命周期则涉及家庭从形成到解体的各个阶段，不同阶段的家庭有不同的消费需求。例如，新婚家庭可能更注重购买家具和家电，而有小孩的家庭则更倾向于购买教育和健康产品。

（三）口碑传播和创新扩散因素

口碑传播和创新扩散因素在现代市场中对消费者行为的影响越来越显著。口碑传播是指消费者之间通过交流分享产品信息和使用体验，对其他消费者的购买决策产生影响。良好的口碑可以增强品牌的可信度和吸引力，而负面的口碑则可能对品牌造成严重的损害。

创新扩散因素则描述了新产品或新技术在市场中的传播过程。消费者对新产品的接受程度取决于多个因素，包括产品的相对优势、兼容性、复杂性、可试用性和可观察性。相对优势指新产品相比现有产品的明显优势；兼容性指新产品与消费者现有需求和价值观的匹配程度；复杂性指新产品的使用难度；可试用性指消费者在购买前试用新产品的可能性；可观察性指新产品的效果和使用体验是否容易被其他消费者观察到。

（四）情境和商店环境因素

情境和商店环境因素对消费者的即时决策具有重要影响。情境因素包括购买时间、地点、社交环境和情绪状态等，这些因素会在特定情境下影响消费者的购买决策。例如，节假日购物时，消费者可能更倾向于购买礼品和高档商品，而在紧急情况下，消费者可能更注重购买的便利性和速度。

商店环境因素包括商店的布局、陈列、照明、音乐和气味等，这些因素通过营造特定的购物氛围影响消费者的购物体验和行为。良好的商店环境可以吸引顾客停留更长时间，提高购买欲望和冲动购买的概率。例如，整洁有序的商品陈列、柔和的照明和愉悦的背景音乐都能提升消费者的购物体验，增强购买意愿。

综上所述，消费者行为受到多种因素的综合影响。经济文化因素、家庭环境因素、口碑传播与创新扩散因素以及情境和商店环境因素在不同程度上影响着消费者的购买决策和行为模式。企业在制定市场营销策略时，必须全面考虑这些因素，以准确把握消费者需求，制定更具针对性的营销方案。

第四节 电商经济发展下的消费效应探索

"随着互联网的全面普及和信息技术的快速发展,大众消费习惯发生了巨大转变,网络购物基本成为人们日常生活中不可或缺的一项重要内容,促使电子商务整体向着多元化趋势发展"。① 尤其是自媒体营销的出现,创新了电商模式,有效丰富了消费者的购物体验和场景,推动了电商经济的全方位发展,从而极大影响了大众的消费行为与消费水平。从整体来看,这一趋势增强了电商经济对大众消费的整体影响力,深刻转变了大众的消费行为,产生了极大的消费聚集效应,但其中也不乏城乡消费差距效应的存在。对此,有效分析电商经济发展下的消费效应,对于释放消费潜力和构建消费聚集中心、确立电商经济收益共享方向、缩短城乡居民消费差异等方面都具有一定的现实意义。

一、电商经济发展下的消费规模效应

历经数十载的蓬勃发展,电子商务已悄然转型为居民消费的一种崭新模式,其中,企业对消费者(B2C)和消费者对消费者(C2C)网上销售模式与消费效应的关系尤为紧密。电商经济对消费的影响可从两个维度进行深入剖析:一是其对消费意愿的直接塑造作用;二是通过提升居民收入水平,间接促进消费能力的提升。

(一) 直接影响:重塑消费版图

1. 消费选择范围的空前拓展

电商经济的崛起,实现了工业、交通运输业、农业等多产业的深度融合,构建了流通体系与消费市场的无缝对接,极大地拓宽了消费产品的供给渠道。这一变革不仅削弱了地域和时间的限制,使消费潜力得以在现有收入水平下充分释

---

① 张雪勤. 中国电商经济发展的消费效应探索 [J]. 商展经济, 2022 (13): 41.

放，还促进了消费支出的增长。具体而言，电商经济的繁荣带来了商品与服务类型和数量的全面增长，既涵盖了传统商品类别，也囊括了医疗服务、汽车等新型消费领域。同时，贸易边界的拓展，尤其是跨境电商和农村电商的兴起，使得国外优质商品和地方特色农产品得以轻松进入市场，丰富了消费者的选择。此外，电商经济还通过自媒体平台的有效沟通机制，精准捕捉并满足了消费者的个性化需求，推动了市场的快速响应与创新。

2. 消费成本支出的有效降低

电商经济的贡献在于其打破了时空界限，消费者无须中间环节即可直接与商家交易，从而大幅降低了商品成本。相较于传统线下模式，电商平台上的商品价格更为亲民，根据需求与价格函数理论，价格的下降进一步激发了消费潜力。此外，电商平台强大的搜索功能使消费者能够迅速比较商品的价格与质量，节省了时间与资金成本。结合自媒体营销策略，利用大数据技术精准推送个性化商品信息，进一步优化了消费者的时间分配。在现代化物流体系的支撑下，产品流通成本降低、运输效率提升，为消费者带来了更多实惠。

3. 营销模式的裂变式创新

基于行为消费理论，个体消费者的决策过程易受外界因素影响，表现出有限理性与意志力。在此背景下，自媒体的广泛覆盖与高效互动特性，为电商营销提供了丰富多样的购物体验与场景。通过自媒体营销进行产品曝光与推广，借助口碑推荐与"种草"文化，可以引发裂变式的营销效应，促使消费者从传统的主动搜索转变为被动发现式购物，培养了沉浸式的消费习惯，最终有效转化流量为购买量。

（二）间接影响：促进消费能力的深层次提升

一方面，电商经济的发展不仅加速了传统产业的转型升级，还带动了快递物流、网络金融等相关上下游产业的迅猛发展，从而创造了大量不同层次的就业机会，拓宽了社会就业市场。在此背景下，专业技术人才与综合管理人才的需求激增，推动了劳动者工资水平的提升，间接增强了消费者的购买力，为消费增长提供了可支配收入的支持。

另一方面，电商行业的低准入门槛为低成本创业提供了可能，众多普通民众纷纷在电商平台上开设店铺，利用移动互联网实现了就业与收入的双重增长。这一趋势不仅促进了个人消费能力的提升，也为社会经济的整体繁荣注入了新的活力。

综上所述，电商经济通过其独特的消费规模效应，不仅直接丰富了消费选择、降低了消费成本、创新了营销模式，还间接提升了居民收入水平、促进了消费能力的深层次提升、共同推动了消费经济的持续健康发展。

二、电商经济发展下的消费差异效应

（一）城乡消费差异对电商经济的影响

电商经济的蓬勃发展，作为新时代经济格局中的重要一环，其对消费模式及经济公平性的影响不容忽视。尤其在探讨城乡居民共享经济发展成果时，电商经济所引发的城乡消费差距效应成为一个核心议题。近年来，电商经济的崛起无疑为整体经济水平的提升注入了强劲动力，然而，这一进程却也无形中加剧了城乡之间的消费鸿沟。长期以来，我国城乡收入差距显著，电商经济作为一种新兴的经济形态，本应成为缓解这一矛盾的利器，但现实情况却显示，电商经济的发展并未能有效促进城乡居民公平享受其带来的经济红利，反而因收益分配的不均等，进一步加剧了原本就存在的城乡经济收入差距。

深入剖析，这一现象的背后，农村地区在技术应用、互联网基础设施、物流体系构建以及电商专业人才的匮乏等多方面的短板，成了制约农村电商发展的关键因素。这些因素的共同作用，不仅阻碍了农村电商的健康发展，也从侧面揭示了电商经济在促进城乡消费平等方面所面临的挑战。同时，这一现状还为电商经济的未来发展方向提供了深刻的启示：如何更有效地促进农村电商的发展，缩小城乡消费差距，推动更加均衡的经济增长。

（二）地区间消费差异的电商经济趋势

从地域维度观察，电商经济的发展呈现出显著的区域不平衡性，其中，东部地区作为电商经济的领跑者,其发展程度远高于中西部地区。尽管如此,中西部地区电商经济的发展速度却不容小觑,展现出巨大的发展潜力与空间。电商经济对不同地区消费行为的塑造,尤其是其对中西部地区消费潜力的释放,以及对消费需求增长的显著推动作用,构成了一个值得深入探讨的现象。这一现象的背后,东部地区凭借其更为完善的基础设施和多元化的消费方式,为电商经济的繁荣打下了坚实的基础。相比之下,中西部地区电商经济的快速崛起,则更像是一股激活潜在消费群体的强劲力量。它不仅极大地提升了当地消费者的消费热情,还通过形成独特的消费聚集效应,展现出超越东部地区的消费活力。这种效应不仅打破了传统产业结构的限制,更为中西部地区经济的多元化发展开辟了新路径。

第六章

农村绿色经济发展理论与路径探索

第一节 农村经济发展与管理

农村经济作为国家经济体系的重要组成部分，其发展状况直接关系到国家的整体经济水平和社会稳定。在当前经济全球化的背景下，农村经济面临着前所未有的机遇与挑战。

一、农村经济发展的现状

近年来，农村经济发展取得了显著成效。随着国家对三农问题的重视，一系列惠农政策相继出台，极大地激发了农村经济的活力。农业现代化水平不断提升，农业生产效率显著提高，农民收入稳步增长。然而，农村经济发展依然存在着一些不容忽视的问题。

第一，产业结构单一：多数农村地区依然以传统农业为主，产业结构单一，缺乏多元化发展。这导致农村经济抗风险能力较弱，一旦遇到自然灾害或市场波动，农民收入便会受到较大影响。

第二，基础设施薄弱：相较于城市，农村地区的基础设施建设依然滞后。交通、水利、电力等基础设施的不完善，严重制约了农村经济的发展。

第三，人才流失严重：由于农村经济发展相对滞后，许多优秀人才选择前往城市寻求更好的发展机会，导致农村地区人才匮乏，难以支撑起经济的持续增长。

二、农村经济发展的挑战

农村经济发展不仅面临着内部结构的制约，还受到外部环境的多重挑战。

第一，市场化冲击：随着市场经济的深入发展，农产品市场竞争日益激烈。传统的小农经济模式难以适应市场化的需求，农民在市场竞争中处于劣势地位。

第二，资源环境约束：农村经济发展往往以资源消耗和环境破坏为代价。然而，随着资源的日益枯竭和环境的不断恶化，这种发展模式已经难以为继。农村地区需要探索一条绿色、可持续的发展道路。

第三，城乡发展不平衡：城乡发展不平衡是制约农村经济发展的重要因素。城市在经济发展、基础设施建设、公共服务等方面具有明显优势，而农村地区则相对滞后。这种不平衡不仅加剧了城乡差距，也制约了农村经济的整体发展。

三、农村经济发展的策略

针对农村经济发展的现状和面对的挑战，需要采取一系列有效的策略来推动农村经济的持续发展。

第一，优化产业结构：农村地区应积极探索多元化发展道路，优化产业结构。除传统的种植业和养殖业外，还可以发展农产品加工业、乡村旅游业等新兴产业，提高农村经济的抗风险能力。

第二，加强基础设施建设：政府应加大对农村地区基础设施建设的投入力度，改善农村交通、水利、电力等基础设施条件。这将为农村经济的发展提供有力的支撑和保障。

第三，培养新型农民：农村地区应重视人才的培养和引进工作。通过职业教育、技能培训等方式，提高农民的文化素质和职业技能水平。同时，鼓励优秀人才回乡创业就业，为农村经济发展注入新的活力。

第四，推进绿色发展：农村经济发展应坚持绿色、可持续的发展理念。推广生态农业、循环农业等绿色发展模式，减少资源消耗和环境污染。同时，加强农村环境治理和保护工作，为农村经济的长期发展创造良好的生态环境。

四、农村经济管理的措施

为了确保农村经济发展的有效实施和持续推进，需要采取一系列科学的管理措施。

第一，完善政策体系：政府应制定和完善一系列支持农村经济发展的政策措施。包括财政补贴、税收优惠、金融支持等方面的政策措施，以减轻农民负担、提高农业生产效益。

第二，加强组织协调：农村经济发展涉及多个部门和领域的合作与协调。政府应建立健全组织协调机制，确保各项政策措施的顺利实施和各项工作的有序开展。

第三，强化监督评估：政府应加强对农村经济发展工作的监督评估力度。通过建立科学的评估体系和完善的监督机制，对农村经济发展的实施效果进行定期评估和跟踪检查，及时发现问题并采取措施加以解决。

第四，推动科技创新：科技创新是推动农村经济发展的重要动力。政府应加大对农业科技研发的投入力度，推广先进的农业技术和装备，提高农业生产的科技含量和附加值。同时，鼓励农民积极参与科技创新活动，提高自身的科技素质和创新能力。

第五，促进市场导向：农村经济发展需要充分发挥市场机制的作用。政府应加强对农产品市场的监管和调控力度，维护市场秩序和公平竞争环境。同时，鼓励和引导农民积极参与市场竞争活动，提高自身的市场竞争力和适应能力。

第六，注重社会参与：农村经济发展是一个系统工程，需要全社会的共同参与和支持。政府应加强对农村经济发展的宣传和推广力度，提高全社会的认知度和参与度。同时，鼓励和引导社会各界积极参与农村经济发展工作，为农村经济的持续发展贡献力量。

第二节　绿色经济及其发展新常态

一、绿色经济的理论框架分析

（一）绿色经济的系统框架

"绿色经济是将自然资本作为经济发展的内生变量，以绿色文明为基本价值观,以资源节约、环境保护和消费合理为核心内容,以绿色创新为根本动力,通过技术创新与绿色投入,改造传统产业与发展新兴绿色产业,全面绿化整个经济系统,实现绿色增长与人类福祉最大化的经济形态"。[①] 绿色经济的核心内容包括资源节约、环境保护和合理消费,旨在通过这些手段实现人类社会与自然环境的和谐共生。资源节约意味着最大限度地提高资源利用效率,减少资源浪费;环境保护则是防止环境污染和生态破坏,保护自然生态系统的完整性和多样性;合理消费倡导适度消费,避免过度和浪费。

绿色经济以绿色创新为动力,强调通过技术创新和绿色投入来改造传统产业和发展新兴绿色产业。绿色创新涵盖技术研发、生产工艺改进和产业结构调整,旨在推动经济系统的全面绿化。传统产业的绿色改造可以通过技术进步减少污染排放和资源消耗,提高生产效率和产品质量。而新兴绿色产业的发展则包括新能源、绿色建筑、环保产业等领域,推动经济增长与人类福祉最大化,实现可持续发展目标。

1. 多元主体的参与

绿色经济的实现需要多元主体的共同参与,形成涵盖绿色生产、分配、交换与消费的有机整体。绿色劳动者作为直接从事绿色生产活动的个体,承担着实施绿色生产技术、操作绿色设备、执行绿色管理制度等具体任务。企业作为绿色经济的核心主体,负责绿色产品的研发、生产和销售,通过企业内部的绿色管理和技术创新,推动绿色生产方式的普及。

市场及其中介组织在绿色经济中发挥重要作用,市场通过价格机制引导资源配置,促进绿色产品的供需平衡。中介组织如行业协会、环保组织等,通过标准制定、信息发布、技术推广等方式,推动绿色经济的发展。政府机构则通过政策制定、法规监管、财政支持等手段,为绿色经济提供制度保障和资源支持。社会各界,包括公众、非政府组织、科研机构等,通过参与绿色消费、推动绿色科技创新、倡导绿色生活方式等方式,共同促进绿色经济的发展。

[①] 祁翔,荣金霞,史文燕. 现代经济发展理论与实践 [M]. 哈尔滨:哈尔滨出版社,2021:76.

2. 绿色基础环境

绿色经济的发展离不开绿色基础环境的支撑，绿色基础环境包括绿色制度、自然资本、科技创新与社会保障等要素。绿色制度是绿色经济的制度保障，通过法律法规、政策措施等手段，规范经济活动中的资源利用和环境保护行为，促进绿色经济的健康发展。自然资本是绿色经济的基础，涵盖土地、水、大气、生物等自然资源，提供经济活动所需的基本资源和生态服务。

科技创新是绿色经济发展的动力，通过技术进步实现资源利用效率的提高和环境影响的减少，推动经济增长与生态环境保护的协调发展。社会保障则通过教育、医疗、社会福利等手段，提升公众的生活质量，增强社会的可持续发展能力。社会保障不仅是绿色经济发展的具体体现，也是绿色经济竞争力提升的重要保障。

（二）绿色经济的核心架构

1. 绿色生产

绿色生产是绿色经济的核心环节，其主要目标是节约能源、降低能耗、减少污染，通过技术革新与管理优化，将绿色理念融入生产的每个环节。绿色生产涵盖绿色决策、绿色设计、绿色技术与工艺、绿色采购、绿色营销及绿色管理等多个方面。

绿色决策是指在生产活动中优先选择环保、节能的生产方式和技术。绿色设计则是在产品设计阶段就考虑到资源节约和环境保护的要求，设计出绿色产品。绿色技术与工艺是绿色生产的技术保障，通过技术创新和工艺改进，实现资源利用效率的提高和污染排放的减少。绿色采购是指在采购原材料、设备等过程中，优先选择绿色产品和绿色供应商，推动供应链的绿色化。绿色营销则是通过宣传绿色产品的环保特性，提升消费者对绿色产品的认可度和购买意愿。绿色管理是绿色生产的管理保障，通过建立完善的绿色管理制度和实施有效的绿色管理措施，确保绿色生产的顺利进行。

2. 绿色消费

绿色消费是指在消费过程中，强调合理与适度消费，提升健康与安全水平，包含节约资源、环保选购、重复利用、循环再生及保护自然的 5R 原则。绿色消费通过价格机制，引导市场结构与产业结构的绿色化转型。合理与适度消费强调根据自身需求进行消费，避免过度消费和资源浪费；提升健康与安全水平则是通过选择绿色产品，提高生活质量和健康水平。

节约资源是绿色消费的核心，通过减少资源消耗，实现资源的可持续利用；环保选购是指在购买商品时优先选择环保产品，减少对环境的影响；重复利用是指在使用商品时，尽量延长其使用寿命，减少废弃物的产生；循环再生是指将废弃物通过回收再利用的方式，实现资源的循环利用；保护自然是指在消费过程中，减少对自然环境的破坏，保护生态系统的完整性和多样性。

3. 绿色市场

绿色市场包括商品市场（绿色消费品市场与绿色生产资料市场）与要素市场（绿色生产要素市场）。绿色消费品市场是指以绿色产品为主要交易对象的市场，通过市场机制引导消费者选择绿色产品，推动绿色消费的普及。绿色生产资料市场是指以绿色生产资料为主要交易对象的市场，通过市场机制引导企业选择绿色生产资料，推动绿色生产的实施。

绿色要素市场是指以绿色生产要素为主要交易对象的市场，包括绿色技术市场、绿色金融市场、绿色人才市场等。绿色技术市场是指以绿色技术为主要交易对象的市场，通过技术交易和技术转移，实现绿色技术的广泛应用；绿色金融市场是指以绿色金融产品为主要交易对象的市场，通过金融手段支持绿色产业的发展；绿色人才市场是指以绿色人才为主要交易对象的市场，通过人才培养和人才引进，提升绿色经济的人才保障水平。

绿色市场的核心是解决经济活动中的外部性问题，通过价格机制准确反映绿色供给与需求关系，实现经济活动的绿色化转型。外部性问题是指经济活动中存在的资源配置效率低下和环境污染问题，通过市场机制引导资源的合理配置，减少外部性问题，实现经济、社会与环境效益的统一。

4. 绿色评价

绿色评价是指对绿色经济进行全面、科学评估，主要包括评估自然资源市场价值、经济增长质量与构成、资源消耗与环境影响等。绿色评价的目的是通过对绿色经济各个方面的评估，发现问题、总结经验、提出改进措施，为绿色经济的发展提供科学依据。

评估自然资源市场价值是绿色评价的基础，通过对自然资源市场价值的评估，了解自然资源的供给与需求情况，为资源的合理配置提供依据。经济增长质量与构成的评估是绿色评价的核心，通过对经济增长质量与构成的评估，了解经济增长的可持续性，为经济发展的科学决策提供依据。资源消耗与环境影响的评估是绿色评价的重要内容，通过对资源消耗与环境影响的评估，了解经济活动对资源和环境的影响，为保护环境和节约资源提供依据。

绿色评价有效监测与管理三大资本的扩大再生产过程，即自然资本、物质资本和人力资本的扩大再生产过程，解决市场失灵问题，实现经济、社会与环境效益的统一。通过绿色评价，可以及时发现绿色经济发展中的问题，提出改进措施，促进绿色经济的健康发展。

（三）科技创新与社会保障

1. 科技创新

科技创新是绿色经济的动力与关键，通过技术进步实现经济增长与自然资本消耗和生态环境破坏的脱钩，提升生产力。科技创新主要包括技术研发、生产工艺改进和产业结构调整，通过这些手段，提高资源利用效率，减少污染排放，实现经济增长与环境保护的协调发展。

技术研发是科技创新的核心，通过不断研发新技术，推动绿色生产和绿色消费的发展。生产工艺改进是科技创新的重要内容，通过改进生产工艺，提高生产效率，减少资源消耗和污染排放，实现绿色生产。产业结构调整是科技创新的目标，通过技术进步推动产业结构的优化升级，推动传统产业的绿色改造和新兴绿色产业的发展。

科技创新的最终目的是实现经济增长与自然资本消耗和生态环境破坏的脱钩，即在实现经济增长的同时，减少自然资本的消耗和生态环境的破坏，实现经济、社会与环境效益的统一。科技创新不仅是绿色经济发展的动力，也是绿色经济竞争力提升的重要保障。

2. 社会保障

社会保障是绿色经济发展的具体体现,也是其竞争力提升的重要保障。社会保障涵盖教育、医疗卫生、文娱等方面,通过提高公众的生活质量,增强社会的可持续发展能力,为绿色经济的发展提供绿色产品与服务。

教育作为社会保障的核心部分,通过培养绿色劳动者,提升公众的环保意识和绿色技能,从而推动绿色生产和绿色消费。教育不仅仅局限于学校教育,还包括职业培训、公众宣传等多种形式,通过系统的教育体系,使公众具备绿色经济所需的知识和技能,推动绿色经济的发展。

医疗卫生是社会保障的重要内容,通过提供高质量的医疗服务,提高公众的健康水平,增强社会的可持续发展能力。健康的公众不仅是绿色经济发展的受益者,也是推动绿色经济发展的重要力量。医疗卫生体系的完善,为绿色经济的发展提供了强有力的健康保障。

文娱作为社会保障的一部分,通过提供丰富多彩的文化娱乐活动,提升公众的生活质量,促进社会和谐与稳定。文化娱乐活动不仅可以丰富公众的精神生活,还可以通过环保题材的文艺作品,提高公众的环保意识,推动绿色文化的发展。

社会保障通过教育、医疗卫生、文娱等多方面的措施,提升公众的生活质量,为绿色经济的发展提供绿色产品与服务。同时,社会保障体系的完善,也为绿色经济的发展提供了强有力的支持,使绿色经济具备了更强的竞争力和可持续发展能力。

(四) 绿色经济的发展路径

1. 政策支持

绿色经济的发展离不开政策的支持。政府通过制定和实施一系列政策措施,为绿色经济的发展提供制度保障和资源支持。政策支持包括财政政策、税收政策、环境政策、科技政策等多个方面。

财政政策是政策支持的重要手段,通过财政补贴、绿色投资、政府采购等方式,支持绿色产业的发展,推动绿色经济的快速发展。税收政策是政策支持的重要内容，通过税收优惠、环境税等手段，引导企业和个人选择绿色生产和绿色消费，减少环境污染和资源浪费。

环境政策是政策支持的核心，通过制定和实施严格的环境法规和标准，规范企业和个人的破坏环境行为，保护生态环境，促进绿色经济的发展。

科技政策是政策支持的重要内容，通过支持绿色技术的研发和推广，推动绿色技术的应用，提高绿色经济的科技含量和竞争力。

2. 市场机制

市场机制是绿色经济发展的重要保障，通过价格机制、市场交易、市场竞争等手段，引导资源的合理配置，实现经济活动的绿色化转型。价格机制是市场机制的核心，通过价格信号，引导企业和个人选择绿色产品和绿色服务，推动绿色生产和绿色消费。

市场交易是市场机制的重要内容，通过市场交易平台，实现绿色产品和绿色服务的供需对接，推动绿色经济的发展。市场竞争是市场机制的动力，通过市场竞争，促进企业提高绿色技术水平和管理水平，提升绿色经济的整体竞争力。

市场机制不仅可以有效配置资源，推动绿色经济的发展，还可以通过市场反馈机制，及时发现和解决绿色经济发展中的问题，提高绿色经济的发展质量和效益。

3. 社会参与

社会参与是绿色经济发展的重要保障，通过公众参与、社会组织参与、媒体参与等多种形式，形成全社会共同推动绿色经济发展的良好氛围。公众参与是社会参与的核心，通过提高公众的环保意识和绿色技能，推动绿色生产和绿色消费。

社会组织参与是社会参与的重要内容，通过环保组织、行业协会、科研机构等社会组织的参与，推动绿色技术的研发和推广，推动绿色经济的发展。媒体参与是社会参与的重要形式，通过媒体的宣传和监督，提高公众的环保意识，促进绿色经济的发展。

社会参与不仅可以提高绿色经济的社会认可度和公众参与度，还可以通过社会监督机制，及时发现和解决绿色经济发展中的问题，提高绿色经济的发展质量和效益。

(五) 绿色经济的国际合作

1. 国际合作的必要性

绿色经济的发展不仅需要国内的努力,也需要国际社会的共同努力。国际合作是绿色经济发展的重要保障,通过国际合作,可以共享绿色技术和管理经验,推动全球绿色经济的发展。

国际合作的必要性主要体现在以下两个方面:首先,环境问题具有全球性,单个国家难以独自解决,通过国际合作,可以共同应对全球环境问题,实现全球可持续发展。其次,绿色技术的研发和推广需要大量的资金和资源,通过国际合作,可以共享研发成果和推广经验,提高绿色技术的应用水平。

2. 国际合作的形式

国际合作的形式多种多样,包括政府间合作、国际组织合作、跨国企业合作等。政府间合作是国际合作的核心,通过签订国际条约、协定,规范各国的环境行为,推动绿色经济的发展。国际组织合作是国际合作的重要形式,通过联合国、世界银行等国际组织的协调和支持,推动全球范围内的绿色经济合作。

跨国企业合作是国际合作的重要内容,通过跨国企业的技术转移和产业合作,推动绿色技术的全球应用,促进全球绿色经济的发展。跨国企业在全球绿色经济合作中扮演着重要的角色,通过其全球布局和资源整合能力,可以有效推动绿色技术的研发和推广。

3. 国际合作的挑战

尽管国际合作在绿色经济发展中具有重要作用,但也面临着诸多挑战。首先,各国发展水平和利益诉求不同,导致国际合作中的利益分配问题难以协调。其次,绿色技术的研发和推广需要大量的资金和资源,如何有效筹集和分配这些资金和资源,是国际合作面临的重要挑战。再次,国际合作中的信息交流和技术转移存在障碍,如何打破这些障碍,实现绿色技术的全球共享和应用,是国际合作需要解决的问题。最后,国际合作中的政治因素也会对绿色经济的发展产生影响,如何在国际合作中实现政治和经济利益的平衡,是国际合作需要面对的重要课题。

二、中国绿色经济发展新常态

（一）人与自然和谐共生

人与自然和谐共生这一理念不仅关乎环境保护，更涉及社会经济的可持续发展。要实现这一目标，需要从政府职能、城市规模调控、城市形态优化、传统制造业转型，以及公民环保意识提升五个关键点进行系统性的推进。

1. 强化政府职能，确保生态红线划定与实施

政府在实现人与自然和谐共生中扮演着至关重要的角色。首先，科学确定生态红线，构建城市化、农业发展、生态安全和自然岸线四大空间格局，是确保生态环境保护的基础。生态红线的划定需综合考虑生态系统的承载能力，明确限制人类活动的区域，以保护关键生态功能和生物多样性。设立生态文明试验区，如国家生态文明试点示范区和国家生态文明先行示范区，则是推进生态文明建设的重要措施。这些试验区可以作为探索新模式、新路径的"试验田"，为全国范围内的生态文明建设提供可复制、可推广的经验。通过强化政府职能，建立健全相关法律法规和政策体系，确保生态红线的有效实施和监督，使得生态环境保护工作能够落到实处。

2. 基于资源环境承载力，合理调控城市规模

城市扩张在现代社会中不可避免，但需始终以资源环境承载力为基础进行合理调控。科学的城市规划和布局不仅有助于减少环境压力，还能提高城市的宜居性和可持续发展能力。优先保护基本农田，确保粮食安全的同时，也维护了生态用地的完整性。建设用地的合理安排则有助于城市的集约发展，避免土地资源的浪费和无序扩张。此外，通过优化空间布局和形态功能，推动城市更新与再开发，提升城市的综合承载能力和环境质量，从而实现经济发展与生态保护的双赢。

3. 依托自然地貌，优化城市形态与功能

在城市规划设计中，应充分尊重和利用自然地貌的特点，制订和实施符合绿

色标准和规范的城市建设方案。地域气候特点的考虑在此尤为重要，避免盲目模仿不适合当地气候的设计，有助于减少能耗，提高城市的生态适应性。比如，在热带和亚热带地区，可以采用通风良好、遮阳效果好的建筑设计；而在寒冷地区则应注重保温和防寒设计。通过优化城市形态与功能，不仅能够提升城市的美观度和舒适度，还能减少对自然资源的消耗，实现人与自然的和谐共生。

4. 推动传统制造业的绿色转型与升级

传统制造业的绿色转型与升级是实现人与自然和谐共生的重要环节。建立绿色低碳循环发展的产业体系，推进传统制造业的绿色化改造，可以大幅度降低工业生产对环境的污染和资源的消耗。发展绿色金融，如绿色信贷，支持绿色清洁发展，是推动绿色制造体系建设的重要手段。通过金融政策的引导和支持，可以激励企业加大环保技术和设备的投入，推动产业升级和结构优化，进而促进经济的绿色可持续发展。《中国制造 2025》提出的绿色制造体系建设，是我国制造业实现高质量发展的重要路径，通过技术创新和管理创新，提高资源利用效率，减少污染排放，最终实现经济效益与环境效益的双重提升。

5. 提升公民环保意识，推动绿色消费

公民环保意识的提升是实现人与自然和谐共生的基础和保障。通过加强生态文明宣传教育，培养公民环境意识，可以推动形成绿色消费习惯和行为模式。绿色消费不仅是对环境的保护，更是一种可持续发展的生活方式。增强节约自然资源、保护环境、改善生态的意识，树立人与自然和谐相处的生态价值观，有助于形成全社会共同参与、共同维护生态环境的良好氛围。政府和社会各界应通过多种形式的宣传教育活动，提高公众的环保意识，鼓励和引导绿色消费行为，推动生态文明建设的深入开展。

（二）加速推进主体功能区建设

在我国国土空间规划的过程中，主体功能区的划分与政策完善是实现可持续发展的关键环节。我国将国土空间划分为优化开发区、重点开发区、限制开发区和禁止开发区，这一划分体现了不同区域在经济发展、生态保护等方面的功能差异。为了有效推动主体功能区的建设，必须加大改革力度，完善相关政策。这不

仅有助于优化资源配置，还能提升区域经济发展质量，实现更高水平的可持续发展。

区域功能定位的明确是推进主体功能区建设的基础。优化开发区应重点提升国际竞争力。这些区域通常具备较好的经济基础和发展潜力，需通过引进先进技术和管理经验，推动高端、高效产业的发展，提升区域的全球竞争力；重点开发区则应致力于促进新型工业化和城镇化进程。通过加快产业转型升级和城乡融合发展，提高这些区域的经济发展水平和生活质量；限制开发区的主要任务是增强生态服务功能。这些区域通常具备重要的生态系统服务功能，应注重生态保护和环境治理，确保生态系统的健康运转；禁止开发区则需要实施严格的监管，以防止非法开发活动，保护生态环境和自然资源。

在政策措施方面，结合激励政策与空间管制，是实现合理开发与保护的有效手段。政府应明确支持、限制和禁止的政策，引导合理的空间利用。具体而言，支持政策应包括财政补贴、税收优惠等，鼓励企业在符合功能定位的区域内投资；限制政策则应包括对高污染、高能耗项目的限制，推动产业结构的优化升级；禁止政策应针对禁止开发区，严格执行禁令，确保区域生态环境的安全和稳定。

为了确保政策的有效实施，各部门需加强协同推进。根据《全国主体功能区规划》的要求，各部门应明确任务分工，协调合作，增强政策的综合效应。只有通过部门间的有效配合，才能实现政策目标，推动主体功能区的建设与发展。

政府与市场的关系也是主体功能区建设中的一个重要方面。政府应充分发挥市场基础作用，利用政府投资引导，调动中央、地方及社会资金，完善国土空间开发机制。市场在资源配置中具有重要作用，而政府的投资引导和政策支持则能更好地促进市场的合理运行，实现资源的有效利用。

落实与规划是推动主体功能区建设的关键步骤。发布主体功能区规划图，并推动"多规合一"，是实现有效规划的必要措施。合理整合城市规划、土地利用规划、环境规划等，能够避免规划冲突，确保各项规划目标的实现。

在区域发展策略方面，不同功能区的策略应有所区别。优化开发区域应推动高端、高效产业的发展，提高区域的综合竞争力；重点开发区域应提高产业和人口聚集度，避免盲目招商引资，通过科学规划和合理布局，提升区域的经济发展水平；生态功能区域则应实行产业准入负面清单，禁止高污染、高能耗企业进入，以保护生态环境和自然资源。

资金与补偿方面，应加大对农产品主产区和重点生态功能区的转移支付力度，建立激励性补偿机制和国家公园。这不仅能提高这些区域的经济收入，还能激励地方政府和社会各界积极参与生态保护和资源管理。

另外，生物多样性保护也是主体功能区建设的重要内容。应实施濒危物种保护工程，建设救护繁育中心和基因库，强化进出口管理，打击非法交易。通过这些措施，可以有效保护生物多样性，维护生态平衡，为可持续发展奠定坚实基础。

（三）推动低碳循环发展

推动低碳循环发展是应对全球气候变化、实现可持续发展的关键路径。低碳循环发展不仅要求对现有能源体系进行深刻变革，还需要全面推进交通运输、加强高能耗产业管控，以及推行企业循环式生产与改造。这一综合性策略将有助于构建绿色、低碳、高效的经济体系，并为未来的可持续发展奠定坚实基础。

首先，构建现代能源体系是推动低碳循环发展的核心。能源革命和技术创新是实现能源结构转型的驱动力。为应对全球气候变化，必须显著提高非化石能源在能源结构中的比重，并推动传统化石燃料的清洁高效利用。具体来说，加速发展风能、太阳能、生物质能等可再生能源是关键。这些可再生能源不仅能够减少对化石燃料的依赖，还能有效降低温室气体排放。同时，核能作为一种低碳能源，也需得到合理开发与利用。强化储电技术和智能电网建设，将有助于提升电力系统的稳定性与灵活性，支持分布式能源的广泛应用。此外，节能低碳电力调度机制的推行，有助于优化能源配置，提高整体能源使用效率。在能源体制方面，改革是必不可少的，应形成有效市场竞争机制，以激励创新与发展，同时积极开发非常规油气资源，以确保能源供应的多样性和安全性。

其次，交通运输领域的低碳发展也至关重要。绿色交通的推广，尤其是公共交通和轨道交通的优先发展，是减少交通运输领域碳排放的有效途径。同时，鼓励绿色出行方式，如骑行和步行，能够进一步减少交通碳足迹。在建筑领域，推广新能源汽车和绿色建筑,提升建筑节能标准,将对降低建筑及交通运输的能源消耗发挥重要作用。全行业应增强绿色低碳意识,提升科技创新能力,并通过提高监管水平来有效控制温室气体排放,落实生态保护措施。这不仅有助于降低碳排放,还能够促进绿色技术和产品的普及应用。加强对高能耗产业的管控是推动低碳循环发展的另一个重要方面。高能耗产业,如电解铜和钢铁行业,通常是碳排放的主要来源。通过严格控制这些行业的碳排放,可以显著减少整体碳排放量。实施碳排放峰值目标和近零碳排放区域示范工作,是一种有效的管理措施。这些措施不仅能够推动高能耗产业的绿色转型,还能为其他行业提供示范,促进全社会的低碳发展。

最后,推行企业循环式生产与改造是实现低碳循环发展的重要路径。企业和产业循环式生产及园区循环式改造,通过实施循环发展计划,能够提高资源利用效率,减少废弃物和污染物的排放。推广产品生态设计,实施"3R"生产法(减少、再使用、再循环),能够从源头减少资源消耗和废弃物产生。推动行业间的循环链接,能够形成资源的闭环利用,提升资源使用效率。此外,制订园区循环经济发展规划,实施存量园区改造,是提升园区资源和环境管理水平的重要举措。这不仅能够优化园区的资源配置,还能增强园区的环境保护能力,实现可持续发展目标。

(四) 全面节约与高效利用资源

全面节约与高效利用资源是实现可持续发展的关键,其核心在于构建完善的资源观念体系,优化国家发展规划,提升民众的节能节水意识,推动资源环境的市场化管理,并倡导合理消费,抵制奢侈浪费。

资源观念体系的构建至关重要。以节约、集约和循环利用为核心,通过强化约束性指标管理,实施能源、水资源消耗和建设用地的双重控制策略,能够有效规范和指导资源利用行为。资源观念的提升需要制度和政策的支持,通过设置严格的资源消耗指标,建立科学的管理和监控体系,推动资源的高效利用和循环再生,从而减少资源浪费和减轻环境负担。

国家发展规划的演变体现了资源环境保护意识的不断深化。从"十五"规划首次将资源环境类指标纳入国家发展规划，包括污染物排放总量、森林覆盖率、城市绿化覆盖率等指标，到"十一五"规划明确约束性指标的法律效力，再到"十二五"规划增加化石燃料比重和二氧化碳排放量等新指标，"十三五"规划提出"双控"策略，即控制强度和总量，直至"十四五"规划将"资源环境"改为"绿色生态"，国家发展规划的演变反映了我国在资源环境保护领域的不断探索和进步。这些规划通过设置明确的指标和目标，指导各级政府和企业在资源利用和环境保护方面的努力，实现经济与环境的协调发展。

民众的节能节水意识是资源节约和高效利用的基础。通过实施全民节能计划，提高节能、节水、节地、节材、节矿标准，可以增强公众的环保意识和责任感。在建设节水型社会方面，合理制定水价，实施雨洪资源利用等措施，有助于优化水资源的配置和使用效率。同时，重视地下水管理，建设国家地下水监测系统，治理地下水超采区，能够有效保护地下水资源，维护生态平衡。通过教育和宣传，提高公众的节能节水意识，促进全民参与资源节约行动，形成全社会共同保护资源环境的良好氛围。

资源环境的市场化管理是提高资源利用效率的重要手段。建立用能权、用水权、排污权、碳排放权的初始分配制度，推进用能权、用水权、排污权和碳排放权的有偿使用和交易机制，能够通过市场手段优化资源配置，激励企业和个人节约资源和减少排放。地方政府优化资源配置，制定企业评价指标并进行排序，根据排序结果给予企业不同政策倾向和优惠措施，有助于推动企业提高资源利用效率和环保意识。建设交易市场，允许企业在资源和环保要素方面进行交易和转让，可以促进资源的合理流动和有效利用，减少资源浪费和环境污染。

倡导合理消费，抵制奢侈浪费，是实现资源节约和高效利用的重要方面。在生产、流通、仓储、消费等各环节落实节约措施，反对过度包装和食品浪费，推动绿色消费理念，形成勤俭节约的社会风尚，能够减少资源消耗和减轻环境负担。在消费方面，通过推广节能产品和绿色消费模式，鼓励公众选择环保产品和服务，可以有效减少资源消耗和环境污染。同时，通过加强宣传和教育，提高公众的环保意识和责任感，促使更多人参与到资源节约和环保行动中来，共同推动绿色消费和可持续发展。

（五）强化环境治理措施，推动绿色发展进程

1. 加强环境治理力度

环境治理的力度必须不断加强，以应对日益复杂的污染问题和环境挑战。首先，推进多污染物综合防治与环境治理是一项基础性工作。多污染物综合防治不仅涉及大气、水体和土壤等多个领域的污染物，还需要从源头到末端的全过程控制。这要求各级政府和企业在政策制定、技术研发和实施管理上进行协同合作，以实现污染物的有效减排和环境质量的全面提升。

实施联防联控和流域共治策略是加强环境治理的重要途径。联防联控不仅指在同一区域内对多个污染源的协同控制，还包括跨区域、跨流域的联合治理。例如，在大气污染防治中，多个城市之间需要联动，以防止单一城市的治理成效被邻近城市的污染排放所抵消。在水体污染治理中，不同流域内的上下游地区需加强合作，统筹解决水资源污染和生态修复问题。

深入实施大气、水体、土壤等污染防治行动计划是确保环境治理工作取得实际效果的关键。大气污染防治行动计划需要关注细颗粒物（PM2.5）和臭氧（O_3）等主要污染物，采取严格的限排措施和监测手段；水体污染防治行动计划则需重视对重点流域和重点污染源的治理，加强饮用水源保护；土壤污染防治行动计划则应关注农用地和工业场地的污染治理，防止污染物向食物链和地下水扩散。

确保工业污染源达标排放是环境治理的重要环节。工业污染源是污染物排放的主要来源之一，严格执行污染物排放标准，强化排放监测和执法力度，可以有效减少污染物的排放量。同时，企业应加强环境管理，采用清洁生产技术和污染治理设施，推动产业结构调整和绿色转型。

实现城镇生活污水和垃圾处理设施全覆盖与稳定运行是提升环境质量的基础保障。城镇生活污水和垃圾是日常生活中的主要污染源之一，全覆盖的污水处理设施和垃圾处理系统能够有效减少水体和土壤的污染。政府应加大对相关设施的投入，确保其稳定运行，并加强对处理过程的监管，防止二次污染的发生。

扩大污染物总量控制范围，将细颗粒物纳入约束性指标体系，有助于全面提

升环境治理的精细化水平。细颗粒物（PM2.5）是大气污染的主要成分之一，对人体健康和生态环境危害极大。将其纳入约束性指标体系，可以促使各地采取更加严格的治理措施，推动空气质量的持续提高。

2. 城乡环境治理

城乡环境治理需要坚持并重原则，既注重城市环境治理，也关注农村环境保护。农业污染防治是农村环境治理的重要内容之一。农药和化肥的过量使用、畜禽养殖废弃物的无序排放等问题，都会对水体、土壤和大气造成污染。因此，推行科学施肥、农药减量和绿色防控技术，促进农业生产方式的绿色转型显得尤为重要。

统筹农村饮水安全、改水改厕、垃圾处理等工作，是改善农村人居环境的重要措施。饮水安全关系到农村居民的身体健康，应加强对农村饮用水源的保护和水质监测，确保居民喝上安全放心的饮用水。改水改厕是提升农村生活质量的基础工程，通过建设卫生厕所和完善污水处理系统，可以有效减少环境污染。垃圾处理则需建立完善的收集、转运和处理体系，防止垃圾随意堆放和焚烧带来的环境问题。

推进种养殖业废弃物资源的循环化、资源化、无害化利用，有助于减少农业生产过程中产生的污染物。通过技术手段，将畜禽粪污和农作物秸秆等废弃物转化为有机肥、饲料和能源，实现资源的循环利用，可以有效减少废弃物对环境的污染。同时，推广综合利用技术，提升农民环保意识，推动农业生产方式的绿色转型。

解决秸秆焚烧问题，提升农民环保意识，推广环保知识，是减少农村环境污染的重要举措。秸秆焚烧会造成严重的大气污染，推广秸秆还田和综合利用技术，可以有效减少焚烧行为。此外，通过宣传教育和培训，提升农民的环保意识，推广环保知识，可以促进农村居民养成良好的环保习惯，自觉参与环境保护。

3. 改革环境治理基础体系

改革环境治理基础体系是提升环境治理能力和水平的重要途径。建立企业排放许可制度，可以从源头上控制污染物的排放量。通过严格的排放许可审批和动态监管，确保企业按规定排放污染物，推动企业加大环保投入，采用清洁生产技术，减少污染物排放。

实施省级以下环保机构监测监察执法及垂直管理制度，可以提高环境监管的独立性和权威性。省级环保部门直接管理市、地、县监察监测机构，有助于减少地方保护主义干扰，确保环境监管执法的公平公正。建立全国统一的实时在线环境监控体系，可以实现对污染源的全面监控和动态管理，提高环境治理的科学性和精细化水平。

建立环境信息公开发布制度，有助于提升环境治理的透明度和公众参与度。通过定期发布环境质量监测数据和污染源排放信息，公众可以及时了解环境状况，监督企业和政府的环保行为，推动环境问题的解决。探索跨地区环保机构，开展环保督察巡视，严格环保执法，可以加强区域间的环境合作和联动，提升环境治理的整体效能。

（六）构建坚实的生态安全屏障

保护优先和自然恢复作为生态环境保护的核心原则，强调推进山、水、林、田、湖等自然生态系统的保护与修复。这一原则不仅要求构建生态廊道，织密生物多样性保护网络，还需提升自然生态系统的稳定性和生态服务功能。这一过程必须严格遵循自然规律，避免人为干扰，确保生态系统自我修复能力的发挥。通过科学规划和综合治理，逐步恢复和重建受损的生态系统，实现人与自然的和谐共生。

在此基础上，国土绿化行动成为重要的实施路径。加强林业重点工程建设、完善天然林保护制度、停止天然林商业性采伐，都是保护和增加森林资源的重要措施。通过这些措施，不仅增加森林面积和蓄积量，提升森林的生态功能和经济价值，还能有效遏制森林资源的过度开发。此外，国有林场和林区作为国土绿化的先锋，发挥着示范和带动作用。扩大全国范围内的退耕还林、还草规模，加强草原保护，进一步改善了土地利用结构，提升了生态系统的稳定性和生物多样性。禁止天然大树移植进城，保护了原有生态系统的完整性和稳定性。通过探索创新产权模式，吸引资金投入植树造林，形成了多元化、可持续的国土绿化机制。

水资源系统保护作为生态环境保护的重要组成部分，强调系统治理江河流域，实现水体互联互通。通过退耕还湿、退养还滩，恢复和保护湿地生态系统，提升其生态服务功能。综合施策应对荒漠化、石漠化和水土流失，是保护土地资源和水资源的有效措施。强化江河源头和水源涵养区保护，确保水资源的源头安全和质量稳定。保护海洋生态环境，开展蓝色海湾整治，不仅改善了海洋生态环境，还为海洋生物提供了良好的栖息地，促进了海洋生态系统的可持续发展。

整体来看，生态环境保护需要以保护优先和自然恢复为指导原则，通过国土绿化行动和水资源系统保护等具体措施，构建起全面、系统的生态保护网络。严格遵循自然规律，科学规划和综合治理，提升自然生态系统的稳定性和生态服务功能，实现人与自然的和谐共生。通过多元化、可持续的生态保护机制，促进生态环境的全面恢复和持续改善，最终实现绿色发展和生态文明建设的目标。

第三节 农村绿色发展及评价指标体系

一、农村绿色发展的时代背景解读

在当今全球化和可持续发展的浪潮中，农村绿色发展已成为推动农业现代化、促进生态文明建设的重要议题。这一发展趋势背后，是多重因素交织形成的复杂时代背景，包括政策、经济、社会和技术等多个方面。

（一）政策背景

政策是推动农村绿色发展的首要驱动力。近年来，随着国家对生态文明建设和乡村振兴战略的深入实施，一系列旨在促进农村绿色发展的政策措施相继出台。具体而言，国家通过制定和完善相关法律法规，如《中华人民共和国环境保护法》《中华人民共和国土壤污染防治法》等，为农村生态环境保护提供了法律保障。同时，通过实施农业补贴、生态补偿、绿色信贷等经济政策，激励农民和企业采用绿色生产方式，减少化肥农药使用量，推广生态农业和循环农业模式。

此外，政府还加大了对农村环境治理和生态修复项目的投资力度，如水土保持、农村污水处理、垃圾分类处理等，有效提高了农村生态环境质量。

（二）经济背景

经济背景是农村绿色发展的重要支撑。随着国内外经济环境的变化，传统的高投入、高消耗、高排放的农业发展模式已难以为继。一方面，国际市场对绿色、有机农产品的需求日益增长，为农村绿色产业发展提供了广阔的市场空间；另一方面，国内消费升级趋势明显，消费者对食品安全和品质的要求不断提高，促使农业生产向更加注重质量和效益的方向转变。在此背景下，农村绿色发展成为推动农业转型升级、实现经济高质量发展的必然选择。通过发展绿色农业、生态农业、循环农业等新型农业业态，不仅可以提高农产品的附加值和市场竞争力，还能带动农村一、二、三产业的融合发展，形成多元化、多层次的农村经济结构。同时，绿色农业的发展还能促进农村就业和农民增收，为农村经济的可持续发展注入新的活力。

（三）社会背景

社会背景是推动农村绿色发展的重要动力。随着人们生活水平的提高和环保意识的增强，社会各界对农村生态环境问题的关注度不断提升。公众对清新空气、干净水源、绿色田园的向往日益强烈，这为农村绿色发展奠定了广泛的社会基础。此外，农村社会的变迁也为绿色发展创造了有利条件。随着城镇化进程的加快和人口流动的加剧，越来越多的城市居民选择到农村休闲度假、体验农耕文化，这为发展乡村旅游、生态农业观光等绿色产业提供了广阔的市场需求。同时，农村人口结构的变化也促使农业生产向更加集约化和专业化的方向发展，为绿色农业技术的推广和应用提供了良好的社会条件。

（四）技术背景

"信息技术体现着新的生产力的发展方向，信息技术的运用，有利于生产要素的流通和配置，使资源利用效率最大化；有利于产业升级改造；有利于进行信息化管理，从而提高管理的科学性和管理效率"。[①] 技术背景是推动农村绿色发展的关键因素。随着科技的进步和创新能力的提升，现代农业技术不断涌现，为农村绿色发展提供了强有力的技术支撑。一方面，生物技术、信息技术、智能装备等现代科技在农业领域的广泛应用，提高了农业生产效率和产品质量，减少了资源消耗和环境污染；另一方面，绿色农业技术的研发和推广，如有机肥料、生物农药、节水灌溉等，为农业生产方式的转变提供了技术保障。

此外，互联网、大数据、人工智能等新一代信息技术的快速发展，也为农村绿色产业的发展提供了新的机遇。通过构建智慧农业体系，实现农业生产过程的精准管理和智能决策，可以进一步提高农业生产效率和资源利用率，减少浪费和污染。同时，电商平台和物流网络的普及也为绿色农产品的销售提供了便捷渠道，拓宽了市场销路。

二、农村绿色发展的基本特征分析

（一）发展理念的创新性特征

农村绿色发展的首要特征在于其发展理念的创新性，这种创新性标志着社会发展观念的重大变革。传统农业发展模式过分强调经济增长，而忽视了环境保护和社会协调发展的重要性，导致资源浪费、环境污染和社会不平等问题。绿色发展理念突破了传统观念的局限，提出了经济、政治、社会文化和自然环境等全面综合发展的新思路。这种创新性理念不仅要求经济增长，更要求生态保护和社会公平，旨在实现可持续发展。

绿色发展理念的创新性还体现在提升农民观念、素质和生活质量方面。通过教育和培训，增强农民的环保意识和技术能力，使其成为绿色发展的主体。同时，绿色发展理念强调提高农民的生活质量，通过提高农村基础设施、提供优质公共服务和增加收入，提升农民的幸福感和获得感。绿色发展理念的创新性为农村可持续发展提供了强大的思想动力和行动指南。

[①] 罗小锋. 中国农村绿色发展问题研究 [M]. 北京：科学出版社，2022：25.

(二) 发展思想的传承性特征

农村绿色发展的另一个重要特征是其发展思想的传承性。绿色发展理念并非凭空产生，而是有着深厚的历史渊源和思想基础。从古代孟子的可持续发展思想，到现代绿色发展的理论，农村绿色发展继承和发扬了历史上注重经济、社会和自然协调统一的思想精髓。孟子提出的"养民利民"理念，强调在发展经济的同时，应注重民生福祉和环境保护。这一思想与现代绿色发展理念相契合，体现了发展思想的延续性。

在现代绿色发展思想的传承过程中，农村绿色发展更加注重经济、社会、自然的协调统一。通过借鉴和吸收古今中外的优秀思想和实践经验，农村绿色发展理念不断丰富和完善，形成了具有中国特色的绿色发展模式。这种传承性不仅使绿色发展理念具有深厚的文化底蕴，还为其在农村的推广和实施提供了坚实的理论支持和历史借鉴。

(三) 发展方式的生态性特征

农村绿色发展的方式具有明显的生态性特征。这种生态性体现在资源节约、清洁低碳生产和循环利用等方面。农村绿色发展强调以绿色生态为基础，通过合理利用自然资源，实现农业生产的可持续发展。资源节约是绿色发展的重要原则，通过推广节水灌溉、节能设备和环保技术，减少资源消耗，提高资源利用效率。

清洁低碳生产是农村绿色发展的另一个重要方面。通过发展低碳农业，减少温室气体排放，改善农村生态环境。低碳农业不仅有利于环境保护，还能提高农产品的质量和市场竞争力。此外，农村绿色发展强调循环利用，通过废物回收和再利用，减少环境污染，实现资源的最大化利用。发展方式的生态性使农村绿色发展具备了显著的环境效益和经济效益，为实现可持续发展提供了重要保障。

(四) 发展成果的共享性特征

农村绿色发展的成果具有明显的共享性特征。绿色发展不仅追求经济增长，还强调环境优美和生活幸福等成果的全民共享。通过合理分配农业资源和集约化利用,提高农业产出和农民收入,使绿色发展的成果惠及全体人民。共享性体现了绿色发展的公平正义原则,强调在发展过程中实现社会公平,缩小城乡差距和贫富差距。

绿色发展的共享性还体现在促进农业资源的合理分配和集约化利用方面。通过科学规划和管理,优化资源配置,提高资源利用效率,减少资源浪费。同时,共享性也体现在提高农业产出和农民收入方面。通过发展现代农业、提升农产品附加值和拓展农产品市场,增加农民收入,改善农民生活条件。绿色发展成果的共享性不仅提高了农村居民的生活质量,还促进了农村社会的和谐稳定和可持续发展。

(五) 发展目的的人本性特征

农村绿色发展的目的具有明显的人本性特征。绿色发展强调人类的可持续发展和人与自然的和谐相处,注重农村生态文化建设,倡导多主体共建绿色文化。人本性体现了绿色发展以人为本的理念,强调发展过程中人的主体地位和作用。

农村绿色发展注重提升农民的生活质量和幸福感,通过提高农村基础设施、提供优质公共服务和增加收入,满足农民的基本需求。同时,绿色发展注重农村生态文化建设,通过宣传教育、文化活动和社区参与,增强农民的环保意识和文化素质,形成良好的生态文化氛围。多主体共建绿色文化是实现农村绿色发展的重要途径,通过政府、企业、农民和社会各界的共同努力,推动农村绿色发展取得实质性进展。

(六) 发展前景的广阔性特征

农村绿色发展的前景具有广阔性特征。绿色发展作为一种新型的发展模式,促使人与自然和谐相处,解决生态环境问题,推动农村经济社会合理健康发展,实现农业农村现代化。绿色发展的广阔前景体现在以下几个方面。

首先,绿色发展为农村经济提供了新的增长点。通过发展绿色农业、生态旅游和绿色产业,促进农村经济转型升级,增加农民收入,提升农村经济发展水平。其次，绿色发展有助于改善农村生态环境，通过推广清洁能源、发展低碳农业和保护生态系统，减少环境污染和资源浪费，实现环境的可持续发展。再次，绿色发展推动了农村社会的和谐稳定。通过共享发展成果，缩小城乡差距和贫富差距，提高农民的生活质量，增强社会凝聚力和向心力。最后，绿色发展为实现农业农村现代化提供了重要路径。通过科技创新、制度创新和管理创新，推动农业生产方式、经营模式和管理体制的现代化，提高农业生产效率和竞争力，实现农业农村现代化的发展目标。

三、农村绿色发展水平评价指标体系

（一）农村绿色发展水平评价指标体系构建原则

在构建农村绿色发展水平评价指标体系时，应遵循一系列原则，以确保评价体系的科学性、准确性和实用性。这些原则包括科学性原则、可测性原则、权威性原则、完备性原则、特殊性原则和可操作性原则，每一项原则均在评价指标体系的构建中发挥着重要作用。

1. 科学性原则

科学性原则是构建评价指标体系的核心基础。该原则要求所选指标必须建立在科学理论基础上，确保指标定义明确、计算方法科学。这意味着，在选择指标时应充分参考相关领域的理论研究成果，避免因主观判断导致的偏差。例如，绿色发展水平的评价指标应基于生态学、环境科学等领域的理论，以确保其科学性和可靠性。此外，评价过程中应明确指标的定义和计算方法，确保每一项指标都具备科学依据，避免主观性和随意性影响评价结果。

2. 可测性原则

可测性原则强调指标的量化特性。这一原则要求选取的指标应易于量化，便于准确测量和比较。量化指标能够提供客观的数据支持，从而确保评价结果的准确性和客观性。例如，在评估绿色发展的过程中，可以使用污染物排放量、资源消耗量等量化指标，以便对各项绿色发展活动进行准确的评价。这种量化的指标体系不仅提高了评价结果的精确度，还使得评价过程更加科学和可操作。

3. 权威性原则

权威性原则要求采用权威部门发布的数据,以确保数据的可信度和代表性。权威性原则强调数据来源的权威性和可靠性,避免使用未经验证的非正式数据。例如,评价农村绿色发展水平时,应优先使用国家统计局、环境保护部门等官方机构发布的数据。这些数据已经过严格的采集和审核,具有较高的可信度,可以有效支持评价指标的科学性和准确性。

4. 完备性原则

完备性原则要求在构建指标体系时统筹考虑经济、资源、生态等多方面的内容,确保评价指标体系的全面性。这一原则旨在综合反映农村绿色发展的各个方面,避免片面性。例如,在评价指标体系中,除考虑生态环境指标外,还应包括经济发展水平、资源利用效率等指标。这种综合性考虑有助于全面反映农村绿色发展的实际情况,提供更加全面和准确的评价结果。

5. 特殊性原则

特殊性原则强调根据农村的实际情况选择指标,以反映农村特有的自然和社会面貌。这一原则要求在构建评价指标体系时,应充分考虑农村地区的独特性,如地理环境、社会结构、经济状况等。例如,某些农村地区可能面临特定的环境问题或资源利用挑战,这些特殊情况应在评价指标体系中得到体现。通过选取具有地方特色的指标,可以更加精准地反映农村绿色发展的实际情况,提高评价的针对性和有效性。

6. 可操作性原则

可操作性原则要求评价指标的数据来源应易于获取,评价方法应便于操作,以确保评价过程的顺利进行和结果的易于理解。这一原则强调评价指标体系的实用性和可操作性,避免复杂和难以实施的方法。例如,选择数据易于获取的指标和简便的评价方法,可以使得评价工作更加高效,并便于结果的解读和应用。此外,操作性强的评价指标体系还能够在实际应用中发挥更大的作用,帮助决策者制定科学合理的政策和措施。

（二）农村绿色发展水平评价指标的具体选取

农村绿色发展是强调农村地区经济、社会、环境、生态等多个维度的绿色发展，在构建我国农村绿色发展水平评价指标体系时，应严格遵循科学性、可测性、权威性等基本原则，并从农村绿色生产、绿色生活和绿色生态三个方面选取真实反映农村绿色发展水平的相关指标，以此为我国农村绿色发展水平的后续评估及分析奠定良好的基础。

1. 绿色生产指标的选取

在分析农业绿色生产水平时，多个关键指标能够提供有价值的见解。以下对这些指标进行详细论述。

（1）人均播种面积是衡量农业生产要素丰裕程度的重要指标。它反映了耕地资源的相对丰富程度。较大的播种面积意味着单位面积耕地资源更加充足，这通常与农业生产的绿色水平较高相关联。充裕的耕地资源为农业绿色生产提供了基础，支持了更为可持续的农业实践，如轮作、休耕等，有助于维护土壤健康和生态平衡。

（2）农药使用强度是通过农药使用量与播种面积的比值来衡量的。高强度的农药使用可能会对生态系统造成破坏，减少生物多样性，影响土壤和水体质量，从而降低农业绿色生产水平。减少农药使用，不仅有助于保护生态环境，还能提高农产品的安全性和品质，推动农业可持续发展。

（3）化肥使用强度反映了化肥使用总量与播种面积的比值。化肥的过度使用会导致土壤酸化、盐碱化等问题，影响土壤的长期生产力和生态健康。因此，控制化肥的使用强度，采用科学施肥技术，可以有效提升农业绿色生产水平，减轻环境负担。

（4）农用薄膜使用强度是指以薄膜使用量与播种面积的比值来衡量的。虽然农用薄膜在农业生产中可以起到保温、保湿的作用，但其高强度使用可能会导致土壤质量的下降和环境污染。因此，减少农用薄膜的使用，推广可降解薄膜，能够提高耕地质量，促进绿色生产。

（5）有效灌溉系数表示有效灌溉面积与播种面积的比值。高有效灌溉系数表明水利基础设施较为完善，能够有效利用水资源进行农业生产。良好的灌溉系统不仅能够提高作物产量，还能减少水资源浪费，从而提升农业绿色生产水平。

（6）单位农业 GDP 用水衡量是指农业生产用水总量与农业 GDP 的比值。高单位农业 GDP 用水表明水资源的利用效率较低，可能导致资源浪费和环境压力增加。因此，改进灌溉技术和提高水资源利用效率是提升农业绿色生产水平的关键措施。

（7）农业产出增加消耗比是指农产值的增加与中间消耗的比值。比值较高表明农业生产效率较高，意味着在增加产值的同时，中间消耗较少。这反映了资源的高效利用和生产过程的绿色化，有助于农业绿色生产水平的提升。

（8）人均农业机械总动力指农业机械总动力与农村人口的比值。较高的人均农业机械总动力意味着农业机械化程度较高。农业机械化有助于提高生产效率，减小劳动强度，促进农业生产的绿色发展。机械化的推广可以支持更精准的农业操作，减少资源的浪费，进一步推动农业的可持续发展。

2. 绿色生活指标的选取

在探讨农村绿色发展的基本特征时，改水工程和改厕工程的实施情况提供了关键指标，这些指标对确保农村地区的生活质量及生态环境具有重要意义。

（1）改水工程受益人口比例体现了安全、洁净自来水在农村地区的普及程度。该比例的提高标志着农村饮用水安全条件的改善，直接关系到居民的健康。安全、洁净的自来水不仅能够有效预防水源性疾病的传播，还能减少因水质问题导致的健康隐患，确保居民享有基本的生活保障。因此，改水工程在提高农村生活质量、保障公共健康方面发挥着不可或缺的作用。

（2）改厕工程受益人户数比例则反映了农村生活质量的提升程度。这一比例的提高不仅表明了改厕工程在减少化肥使用方面的效果，还显著改善了农村的生态环境。改厕工程通过推广生态厕所和无害化处理技术，能够有效减少化肥的使用，从而减少化肥对土壤和水体的污染。这不仅有助于改善农村环境，也能提高土壤的肥力，推动农业可持续发展。改厕工程还通过提升生活条件和改善卫生设施，进一步完善了居民的生活环境，从而提升了生活质量。

（3）人均太阳能使用面积是衡量清洁能源使用情况的重要指标。该指标的提高标志着农村地区能源结构的转型和环境污染的减少。太阳能作为一种清洁、可再生的能源，能够有效减少对传统化石能源的依赖，从而降低能源消耗和碳排放。通过增加太阳能利用面积，农村地区不仅能够实现能源的多样化，还能推动能源结构的绿色转型，提高环境质量。因此，增加人均太阳能使用面积对于推动农村绿色发展具有重要意义。

（4）人均沼气产生量反映了农业废弃物资源化利用的情况。这一指标的提升能够有效节能减排，提高农业生产效率。沼气作为一种可再生能源，其生产过程不仅能够处理农业废弃物，还能减少温室气体的排放。通过利用沼气，农村地区能够实现农业废弃物的资源化利用，同时提供一种清洁能源，降低对传统能源的需求。人均沼气产生量的增加，不仅有助于节能减排，还能促进农业可持续发展，提高农村经济效益。

（5）人均可支配收入是衡量家庭经济水平的重要指标，对生活消费水平和幸福感具有直接影响。该指标的提高表明了农村经济的发展和居民生活水平的提升。较高的可支配收入不仅能提升家庭的消费能力，还能改善居民的生活条件，提高其幸福感。人均可支配收入的增长有助于增强居民的生活保障能力，推动农村经济的进一步发展，进而促进社会的稳定和繁荣。

（6）万人养老机构数量反映了农村养老服务的普及程度。该指标的增加能够提升老年人的福利水平，增强社会的稳定性。养老机构的建设和服务的普及，直接关系到农村老年人的生活质量和社会保障。通过增加养老机构的数量，农村地区能够提供更多的养老服务选择，提高老年人的生活水平，满足其生活需求，从而提升其生活质量和幸福感。

（7）万人乡镇文化站数则体现了农村公共文化服务设施的建设情况。这一指标的增加有助于增强社会凝聚力和文化认同感。文化站的建设不仅为居民提供了丰富的文化活动和学习机会，还促进了文化交流和社区参与。通过提高文化站的数量，农村地区能够更好地满足居民的文化需求，推动文化发展，提高社会的文化水平和凝聚力。

（8）人均生活用水量反映了生活用水的充足程度。该指标的提升强调了节水和合理利用水资源的重要性。充足的生活用水不仅能够保障居民的日常生活需求，还能提高生活质量。合理利用水资源、推动节水措施，是实现可持续发展的重要环节。通过优化水资源管理，提高人均生活用水量，农村地区能够更好地保障居民的生活需求，推动绿色发展目标的实现。

3. 绿色生态指标的选取

绿色生态指标的选取在现代生态环境管理中扮演着至关重要的角色。其科学合理的选取不仅能够反映出生态环境的现状，还能为推动可持续发展、提高居民生活质量及促进社会和谐提供有效依据。这些指标的合理性和科学性直接影响到生态保护和环境管理政策的制定与实施。

生态环境因素对居民健康、可持续发展和社会和谐具有深远的影响。生态环境的质量直接决定了居民的生活条件和健康水平。研究表明，优质的空气、水体和土壤条件能够显著降低患病风险，提高居民的生活质量。生态环境的保护也对可持续发展至关重要，因为生态系统的破坏将影响资源的可再生性和生态系统服务功能，从而影响社会经济的可持续性。同时，一个良好的生态环境能够促进社会的和谐与稳定，减少环境污染引发的社会问题和冲突，增强社会的整体幸福感和凝聚力。

在绿色生态指标的选取过程中，常用的指标包括森林覆盖率、湿地面积占比、自然保护区建设、生态环境部水量以及人均造林面积。这些指标各具特点，能够从不同方面反映生态环境的质量与保护状况。

（1）森林覆盖率作为一个重要的生态指标，是衡量森林保护能力和生态环境质量的关键指标。森林覆盖率指的是森林面积占总土地面积的比例。较高的森林覆盖率不仅有助于减缓气候变化、提高空气质量，还能维护生物多样性。通过增加森林覆盖率，能够有效提升区域的生态环境质量，提高居民的生活环境。

（2）湿地面积占比是另一个重要的生态指标，反映湿地在总土地面积中的比例。湿地在生态系统中具有重要的调节气候、保护生物多样性等功能。湿地面积的变化直接影响湿地生态系统的稳定性和功能发挥。监测湿地面积占比能够反映湿地保护的效果，从而为湿地保护政策的调整提供依据。

（3）自然保护区建设是评估生态环保价值的重要指标。自然保护区面积占辖区总面积的比例，能够直观地反映出生态保护工作的重视程度及保护成果。自然保护区不仅能够提供栖息地给珍稀物种，还具备重要的旅游和休闲功能。因此，自然保护区的建设情况是评价一个地区生态环境保护水平的重要方面。

（4）生态环境部水量的选取旨在衡量生态系统的平衡与健康状况。生态环境部水量指的是额外提供给生态系统的水量，用于维持生态系统的正常运作。这一指标对于干旱地区或水资源紧缺地区尤为重要，因为它直接影响到生态系统的健康和生物多样性的维持。

（5）人均造林面积也是评估森林资源增量和环境保护重视程度的一个重要指标。该指标通过造林面积与农村人口的比例来衡量森林资源的分配和环境保护的实施效果。较高的人均造林面积意味着更加重视森林资源的恢复和环境保护，有助于提高生态系统的稳定性和恢复力。

第四节 农村绿色发展任务与实现路径

在当今社会，农村绿色发展已成为推动乡村振兴和实现可持续发展的关键路径。随着国家对生态文明建设的重视和乡村振兴战略的深入实施，农村绿色发展任务日益明确，实现路径也日益清晰。

一、农村绿色发展的主要任务

（一）农业绿色发展行动

农业绿色发展是农村绿色发展行动的核心任务。这包括推广绿色、低碳、高效的农业生产技术，降低化肥、农药使用量，减少农业面源污染，提升土壤质量。具体而言，需加强生态种植，推广有机肥替代化肥、生物农药等绿色生产技术；加强农业种质资源的收集、保存和利用，挖掘地方特色品种，开展品种改良和提纯复壮；推进农业废弃物资源化利用，如秸秆还田、粪便发酵等，实现农业内部循环，提高农业效益。

（二）农村人居环境整治提升行动

改善农村人居环境是农村绿色发展的重要任务之一。这要求深入推进农村生活污水垃圾治理、农村改厕等工作，完善农村生活垃圾分类收运处置体系，健全农村再生资源回收利用网络。同时，还需加强农村黑臭水体动态排查和源头治理，提升乡村环境卫生水平。通过这些措施，农村环境更加干净、整洁、有序，提高农民的生活质量。

（三）生态功能提升行动

生态功能提升是农村绿色发展的长远目标。这包括加强乡村生态保护，实施水源涵养、水土保持、湿地保护等工程，修复受损生态系统，保障乡村生态安全。同时，还需加强耕地土壤重金属污染源排查整治，推进水系连通、水源涵养、水土保持等工作，复苏河湖生态环境，强化地下水超采治理。通过这些措施，提升乡村生态系统的稳定性和服务功能，为乡村的可持续发展奠定基础。

（四）乡村环境治理行动

乡村环境治理是农村绿色发展的重要保障。这要求建立健全乡村环境治理体系，完善农民参与和长效管护机制，确保环境治理工作的持续性和有效性。同时，还需加强乡村环保基础设施建设，如建设污水处理设施、垃圾处理设施等，提高乡村环境治理能力。通过这些措施，乡村环境得到有效治理和保护，为农民提供良好的生产生活环境。

（五）乡村生态振兴示范行动

乡村生态振兴示范行动是农村绿色发展的引领工程。这要求选择一批具有代表性的乡村地区，开展生态振兴示范建设，探索可复制、可推广的绿色发展模式和经验。通过示范引领，带动更多乡村地区走上绿色发展之路，实现乡村的全面振兴。

二、农村绿色发展的实现路径

（一）强化政策支持与引导

政策支持与引导是农村绿色发展的重要保障。政府应出台一系列优惠政策措施，鼓励农民和企业积极参与绿色发展。例如，对采用绿色种植、有机农业等环保生产方式的农户给予补贴；对开展农村生活污水垃圾治理、农村改厕等工作的乡村给予资金支持；对推进农业废弃物资源化利用、生态农业模式推广等工作的企业给予税收优惠等。同时，政府还应加强监管和评估工作，确保政策的有效落实和绿色发展目标的实现。

（二）加强科技创新与应用

科技创新与应用是推动农村绿色发展的关键驱动力。应加大农业科技研发投入力度，推广节能减排、生物降解等先进技术，提高农业生产效率和资源利用效率。例如，运用智能化温室大棚技术调控作物生长环境；采用生物有机肥和生物农药替代化学肥料和农药；推广循环水养殖和生态浮床技术减少水体污染等。同时，还应加大农民科技培训和技术推广力度，提高农民的科技素质和绿色发展能力。

（三）推进产业融合发展

产业融合发展是实现农村绿色发展的重要途径。应以农业为基础，推动农业与旅游、文化、康养等产业融合发展，拓宽农民增收渠道，促进乡村经济绿色转型。例如，发展生态农业旅游项目，让游客体验乡村田园风光和农耕文化；开发绿色农产品品牌提高农产品附加值；推广森林康养和乡村养生项目以满足城市居民的健康需求等。通过产业融合发展，实现经济效益和生态效益的双赢。

（四）完善基础设施建设

完善基础设施建设是农村绿色发展的重要支撑。应加大乡村基础设施投入力度，提高乡村基础设施完备度和公共服务便利度。例如，建设污水处理设施和生活垃圾处理设施提升乡村环境治理能力；修建乡村道路和供水供电设施改善农民生产生活条件；建设乡村公共服务设施（如学校、医院、文化场所等）提高农民生活质量等。通过完善基础设施建设为农村绿色发展提供有力保障。

（五）加强生态补偿与激励机制建设

生态补偿与激励机制建设是激发农村绿色发展内生动力的重要手段。应建立多元化生态补偿模式，即根据不同乡村地区的自然资源、生态环境和产业发展阶段制定差异化的补偿标准和方法。例如，对采用绿色种植、有机农业等环保生产方式的农户给予补贴；对开展生态修复和保护工作的乡村给予奖励等。同时还应加强生态补偿与市场机制的衔接。通过设立绿色金融、生态产业基金等手段引导社会资本投入乡村绿色发展项目，为乡村产业提供资金支持。通过这些措施激发农民和企业参与绿色发展的积极性和主动性。

（六）推广绿色生活方式

推广绿色生活方式是实现农村绿色发展的重要环节。应倡导农民践行低碳、环保的生活方式（如垃圾分类、节能降耗等）提高农民环保意识。同时还应加强乡村环保宣传和教育工作。通过举办环保知识讲座、发放环保宣传资料等方式提高农民的环保意识和绿色发展理念。通过这些措施形成全社会共同参与绿色发展的良好氛围，推动农村绿色发展的深入实施。

综上所述，农村绿色发展是推动乡村振兴和实现可持续发展的关键路径。通过强化政策支持与引导、加强科技创新与应用、推进产业融合发展、完善基础设施建设、加强生态补偿与激励机制建设以及推广绿色生活方式等措施，可以有效推动农村绿色发展的深入实施。未来，随着国家对生态文明建设和乡村振兴战略的持续推进，农村绿色发展将迎来更加广阔的发展前景和更加重要的战略地位。同时我们也应看到农村绿色发展是一项长期而艰巨的任务，需要政府、企业、社会组织和农民自身共同努力，形成推动农村绿色发展的强大合力，共同为实现美丽中国和乡村振兴的美好愿景贡献力量。

参考文献

[1] 陈清. 我国科技创新效率与经济发展水平的耦合协调研究 [J]. 中国商论, 2024 (10): 117~121.

[2] 陈颖, 连波. 消费经济与消费者行为研究 [M]. 长春: 吉林人民出版社, 2021.

[3] 程一方. 智能医疗的发展与应用 [J]. 中国新通信, 2019, 21 (1): 220.

[4] 代昀昊, 王晓允, 童心楚. 从共享经济到低碳经济 [J]. 数量经济技术经济研究, 2024, 41 (4): 111~130.

[5] 丁焕峰. 开发区发展的经济学理论与实证 [M]. 广州: 华南理工大学出版社, 2017.

[6] 丁生喜. 区域经济学通论 [M]. 北京: 中国经济出版社, 2018.

[7] 杜蕊. 云计算技术发展的现状与未来 [J]. 中国信息化, 2021 (4): 43~45.

[8] 方大春. 区域经济学理论与方法 [M]. 上海: 上海财经大学出版社, 2017.

[9] 高秀娟, 彭春燕, 王红. 数字经济发展与创新创业的耦合协调度研究 [J]. 统计与决策, 2024, 40 (11): 16~21.

[10] 黄嘉妮, 周永明, 蒋满霖. 共享经济下农业经济规模化发展的内在困境与路径选择 [J]. 农业经济, 2024 (4): 7~9.

[11] 贾爱娟, 李艳霞, 曹明弟. 区域可持续发展模式研究新解绿色、循环、低碳三大模式的比较研究 [J]. 科技创新与生产力, 2011 (9): 19~25.

[12] 李白. 数字化时代企业核心竞争力研究 [J]. 商业观察, 2022 (28): 37.

[13] 李德荃. 企业核心竞争力透视 [J]. 山东国资, 2023 (Z1): 104.

[14] 李貌. 基于公有云的中小企业获客系统设计与实现 [J]. 信息系统工程, 2021 (2): 27~29.

[15] 李政. 创新与经济发展: 理论研究进展及趋势展望 [J]. 经济评论, 2022, (5): 36.

[16] 刘光妍. 新时代背景下数字经济推动经济发展的几点思考 [J]. 商情,

2021（17）：23.

[17] 刘丽娟. 区域经济发展理论与实践研究［M］. 北京：中国原子能出版社，2020.

[18] 刘英. 区域经济与区域文化研究［M］. 兰州：甘肃人民出版社，2015.

[19] 陆昊，于水，姜小花. 企业经济管理理论创新与发展研究［M］. 北京：中国商业出版社，2023.

[20] 罗小锋. 中国农村绿色发展问题研究［M］. 北京：科学出版社，2022.

[21] 梅华. 数字经济发展、高管薪酬激励与文旅企业创新［J］. 财会通讯，2024（12）：39～43.

[22] 祁翔，荣金霞，史文燕. 现代经济发展理论与实践［M］. 哈尔滨：哈尔滨出版社，2021.

[23] 尚勇敏. 绿色·创新·开放中国区域经济发展模式的转型［M］. 上海：上海社会科学院出版社，2016.

[24] 石可敬，孟维福，程龙，等. 数字经济发展对绿色技术创新的影响效应与区域异质性研究［J］. 商业经济研究，2024（12）：121～124.

[25] 孙克. 数字经济［J］. 信息通信技术与政策，2023（1）：1.

[26] 唐丽君. 区域经济发展研究［M］. 成都：电子科技大学出版社，2016.

[27] 唐曙光. 区域经济形势分析浅谈［M］. 北京：中国发展出版社，2018.

[28] 王水兴. 共享经济蕴含人类文明新形态论析［J］. 学术界，2023（9）：80～88.

[29] 吴一曦. 我国区域经济学的发展趋势研究［J］. 记者观察，2018（36）：119.

[30] 向书坚，孔晓瑞，李凯. 共享经济统计实践面临的局限性与改进思路［J］. 统计与信息论坛，2023，38（3）：16～29.

[31] 姚正海，秦悦，王强. 经济发展方式转变的理论基础与实现路径［J］. 商业经济，2022（11）：140.

[32] 于洪，何德牛，王国胤，等. 大数据智能决策［J］. 自动化学报，2020，46（5）：878～896.

[33] 张春梅. 区域经济空间极化与协调发展 [M]. 南京：东南大学出版社, 2017.

[34] 张雪勤. 中国电商经济发展的消费效应探索 [J]. 商展经济, 2022 (13)：41.

[35] 张岩, 姜辉, 罗纪恩. 中国城市经济发展理论与实践研究 [M]. 长春：吉林人民出版社, 2020.

[36] 赵慧. 区域经济发展理论与实践 [M]. 兰州：甘肃人民出版社, 2018.

[37] 赵奕. 产业经济学理论发展新探索 [M]. 北京：地质出版社, 2015.

[38] 钟昌标, 施君然. 共享经济助推共同富裕的逻辑、机制与路径 [J]. 云南师范大学学报（哲学社会科学版）, 2024, 56 (3)：77~85.